CB124014

Elefante

elefante
EDITORA

CONSELHO EDITORIAL
Bianca Oliveira
João Peres
Tadeu Breda

EDIÇÃO
Tadeu Breda

ASSISTÊNCIA DE EDIÇÃO
Fabiana Medina

PREPARAÇÃO
Fábio Fujita

REVISÃO
Andressa Veronesi

CAPA
Túlio Cerquize

DIAGRAMAÇÃO
Lívia Takemura

DIREÇÃO DE ARTE
Bianca Oliveira

FABIO LUIS BARBOSA DOS SANTOS
DANIEL FELDMANN

O MÉDICO E O MONSTRO

UMA LEITURA DO PROGRESSISMO LATINO-AMERICANO E SEUS OPOSTOS

Às pequenas
Antônia, Cecília e Estela

A maldição da humanidade foi que esses
dois feixes incongruentes tivessem
sido amarrados juntos — que no ventre
angustiado da consciência aqueles
gêmeos lutem continuamente.
Como, então, foram dissociados?

— Stevenson (2015, p. 74)

Apresentação

"O certo no errado." É assim que o Primeiro Comando da Capital (PCC) fundamenta a ética que baliza a facção. Aceitando as atividades delitivas como resposta legítima a um sistema opressor, o desafio de sua modalidade de governo das condutas é discernir o justo (o certo) dentro de um universo ilegal (o errado). É nesse proceder cotidiano que se assenta a legitimidade da organização, que não é uma empresa nem uma quadrilha — embora seus membros ganhem dinheiro de forma ilegal. E foi assim que as "ideias" do PCC se espalharam, ordenando presídios e quebradas, até hegemonizarem a cena criminosa do estado de São Paulo no século XXI.

Recordemos o pano de fundo dessa ascensão. Nos anos 1990, enquanto luziam as promessas de democracia e cidadania anunciadas pela Nova República, a periferia vivia um "holocausto urbano", na definição dos Racionais MC's. Ao mesmo tempo que a inflação era domada pelo Plano Real e o país aspirava a uma nova inserção internacional no bojo da globalização, as taxas de homicídio disparavam, e as de encarceramento também.

Ao contrário de qualquer revisão de rota, o horizonte cidadão associado à Nova República atingiu o apogeu na década seguinte, com a chegada à presidência do Partido dos Trabalhadores (PT). Um novo desenvolvimentismo foi anunciado, enquanto o país ambicionava a condição de *global player*. Foi durante os primeiros anos do governo Lula, porém, que aflorou o termo "milícia" no Rio de Janeiro, enquanto, em São Paulo, se tornou impossível negar a existência do PCC depois que a facção causou o primeiro e único lockdown efetivo na capital até os dias de hoje, em maio de 2006. Se isso acontecia nas duas principais cidades brasileiras, podemos imaginar o que não corria país afora.

Mas esse universo marginal, no duplo sentido da palavra, se alastrava nas sombras. Os holofotes da oficialidade mostravam o partido do governo exportando tecnologias de gestão social, enquanto as "campeãs nacionais" do neodesenvolvimentismo, Odebrecht à frente, faziam negócios na América do Sul e além. O PT venceu quatro eleições presidenciais consecutivas, e a modernidade brasileira foi premiada com a realização da Copa do Mundo de 2014 e dos Jogos Olímpicos dois anos depois — aos quais Dilma Rousseff já não assistiu como presidenta.

O golpe parlamentar, seguido da prisão de Lula e da vitória de Jair Bolsonaro, inverteu posições: de repente, o que estava nas sombras veio à luz, e o que estava à margem virou o centro das atenções. Logo se evidenciou que Bolsonaro era apenas a ponta do iceberg com que o encouraçado da Nova República colidiu. A barca cidadã fazia água por todos os lados. Afloraram fraturas insondáveis, que não se resumem ao apartheid social denunciado por Florestan Fernandes, nem às tendências centrífugas que ameaçam a unidade federativa, como escreveu Celso Furtado.

Em pouco tempo, ficou claro que, nas fissuras de uma cidadania que nunca se realizou, ganharam forma e corpo comunidades imaginadas (e vividas) que instituem lealdades antitéticas ao ideário de uma República democrática liberal: a comunidade do crime, a comunidade policial, a comunidade evangélica, entre outras. Esses universos — ora complementares, ora concorrentes entre si — convergem na idolatria do dinheiro, que cimenta fidelidades e negócios.

Mais do que isso, o caldo de cultura comum a essas visões de mundo é a razão concorrencial neoliberal, em que a reprodução social é vivida como uma luta de cada um por si e de todos contra todos. Irmãos do crime, teólogos da prosperidade e policiais militares nadam como peixes nas águas dessa sociabilidade autofágica.

Assim como nada o bolsonarismo. A mesma lógica social que produziu o PCC e favoreceu a expansão do cristianismo conservador fermentou a modalidade brasileira de politização odiosa do ressentimento. Esse fenômeno teve correspondência no plano mercantil: é preciso lembrar que, à sombra das campeãs nacionais, também o PCC e o neopentecostalismo se internacionalizaram a passos sólidos. Se a sociabilidade produzida pela Nova República alimentou o caldo de cultura em que prosperam fenômenos políticos, sociais e econômicos que a negam, é preciso repensar os nexos entre lulismo e bolsonarismo, entre a Nova República e a república miliciana.

Mais do que isso: quando se observam dinâmicas comparáveis no plano regional, embora encarnadas em formas sociais e enredos políticos distintos, é preciso refletir sobre o progressismo latino-americano em seu conjunto. Se no Brasil os dramas da política institucional favorecem jogos de cena para endossar narrativas progressistas entre a tragédia e o auto da paixão, o que dizer, por exemplo, da Venezuela, onde a corrosão social se deu nos marcos do próprio bolivarianismo?

Descartando a hipótese de uma guinada radical de Nicolás Maduro em relação a Hugo Chávez, ou a absolutização do peso das sanções estadunidenses em relação a problemas que lhe antecedem, a trajetória do bolivarianismo exige que se busquem as contradições do progressismo em sua própria dinâmica. Ao mesmo tempo, a candidatura vitoriosa de Pedro Castillo no Peru revela que fraturas sociais, como as que afloraram com o bolsonarismo no Brasil, atravessam o continente e ganham expressão política diversa. O primeiro caso indica que a versão venezuelana do progressismo foi impotente para modificar uma dinâmica social corrosiva que, afinal, o envolveu; enquanto a eleição peruana sugere que novas formas políticas para lidar com essa mesma dinâmica estão sendo forjadas.

Este livro examina essas e outras situações no continente, propondo uma chave de leitura sobre o progressismo e os seus opostos. Nosso objetivo inicial é compreender como e por quê, a despeito das intenções dos governantes, a política progressista fortaleceu uma lógica econômica que aprofunda as fraturas sociais que suas técnicas de governo pretenderam mitigar. O ponto de partida do argumento pode ser enunciado nos seguintes termos: as tecnologias de governo progressistas levaram ao limite as possibilidades de inclusão, nos marcos de uma dinâmica social que produz exclusão em escala massiva.

Para dizer a mesma coisa de outro modo: quando o ex-presidente do Equador Rafael Correa afirmou que "estamos fazendo o mesmo de sempre, só que melhor", ou o seu colega Néstor Kirchner se propôs a fazer o *capitalismo en serio* na Argentina, observamos uma razão comum, que pode ser sintetizada na ideia de que o progressismo perseguiu o governo certo da lógica social errada. Errada do ponto de vista dos objetivos de igualdade social e soberania que esses mesmos governos evocaram: podemos dizer que o progressismo é o certo possível em um mundo errado.

O livro está organizado em duas partes. Na primeira, examinamos o progressismo latino-americano e suas contradições, nos marcos de uma dinâmica social que o precede e o envolve: a dessocialização autofágica que caracteriza o neoliberalismo (Jappe, 2017 [2021]). Discutimos o lugar do progressismo neste mundo, bem como formas políticas, novas e velhas, que lhe são opostas, e rebeliões que contestam isso tudo. Na segunda parte, exploraremos a chave de análise proposta por meio do exame da situação brasileira após dois anos de governo Bolsonaro. Nessa seção, pretende-se elucidar a analogia literária que dá nome ao livro. Nas reflexões finais, delineamos algumas referências do desafio de romper com essa dinâmica societária, em uma direção emancipatória. São reflexões em torno da desordem, ou seja, do que aparece como errado porque desorganiza esta ordem. Mas que talvez seja a única chance de virar para o certo neste mundo.

São Paulo, agosto de 2021

PARTE 1

O progressismo e seus opostos na América Latina

Introdução

Nos meses que antecederam a eclosão do coronavírus, muita coisa aconteceu na América do Sul: insurreições no Chile, no Equador e intensos protestos na Colômbia; eleições na Argentina, no Uruguai e na Bolívia; o espectro do golpe de Estado rondou a Venezuela e ganhou corpo na Bolívia; um presidente renunciou para não ser impedido no Peru, somando-se a três outros condenados à prisão, enquanto um deles se matou; no Brasil, Lula foi libertado.

Como em outras partes do mundo, a irrupção da pandemia, no início de 2020, foi lida por alguns governos como uma carta branca para o estado de sítio permanente: a necessidade da repressão se transformou na virtude do confinamento. A imagem icônica dessa desforra em nosso continente foi a do presidente chileno, Sebastián Piñera, posando para fotos na Plaza de la Dignidad finalmente vazia, após meses de acossamento popular.

Mas nem todos ficaram em casa, nem mesmo no Chile. Na Colômbia e no Paraguai, eclodiram rebeliões; no Peru, as ruas derrubaram um presidente cinco dias depois de sua posse, em reação a mais um impeachment ilegítimo na região. No começo de 2021, eleições na Bolívia, no Equador e no Peru trouxeram esperança, mas também desilusão, ao campo progressista, enquanto a restituição dos direitos políticos de Lula trazia esperança, mas também ilusão.

Frente a esse turbilhão, o pontapé inicial deste livro é indagar se há algum ponto de encontro entre o que acontece nos diferentes países. É possível que exista um fio condutor ou, ao menos, um sentido comum entre processos nacionais tão diversos?

Nossa hipótese é que vivemos um agravamento da crise social na América Latina, que se expressa politicamente no esgotamento das formas de gestão das tensões sociais prevalentes no continente, que incluem o *progressismo*. A expressão alude a governantes identificados com a esquerda, eleitos em reação ao neoliberalismo em anos recentes na região: Hugo Chávez, na Venezuela (1998); Luiz Inácio Lula da Silva, no Brasil (2002); Néstor Kirchner, na Argentina (2003); Tabaré Vázquez, no Uruguai (2004); Evo Morales, na Bolívia (2005); Rafael Correa, no Equador (2006); e Fernando Lugo, no Paraguai (2008).

Trata-se de um duplo esgotamento, na medida em que o progressismo foi percebido em duas perspectivas distintas: visto do topo, inviabilizou-se como via de gestão da ordem; entre os de baixo, perde a legitimidade que tivera um dia, como hipótese civilizatória alternativa. Nesse quadro, novas formas de gestão da panela de pressão social que é a América Latina estão sendo gestadas, em sintonia com uma tendência mundial, em que as convergências entre neoliberalismo e autoritarismo se intensificam.

Para sermos mais precisos: nossa análise não implica que o progressismo esteja sepultado como alternativa eleitoral, mas, sim, como expectativa de mudança. Mesmo quem hoje o elege raramente espera um mundo melhor; o objetivo é evitar algo pior: o medo venceu a esperança, inclusive entre quem ainda a cultiva. De modo análogo, a leitura que avançamos não significa que velhas forças políticas estejam imediatamente condenadas, como mostram blancos no Uruguai, colorados no Paraguai, Guillermo Lasso no Equador e o espectro de Fujimori no Peru. O que a nossa análise sugere é que tais forças, à direita e à esquerda, perderam dinamismo e sobrevivem como *forma*, em uma política que está em busca de *outras formas*. Quais são elas? As que correspondam a um momento avançado da corrosão social produzida pelo capitalismo na atual fase e que, em sua versão latino-americana, devem costurar cristianismo conservador e mídias sociais, polícia e crime organizado, estado penal e políticas focalizadas, extrativismo e capital financeiro, tudo junto e misturado. Para sobreviver no jogo, a direita tradicional também precisará se reinventar.

E qual o lugar do progressismo neste mundo? Para responder a essa questão, é preciso analisar a história recente, o que supõe uma segunda hipótese. Ao contrário de entender o momento que sucedeu a hegemonia do progressismo como uma reação — uma onda conservadora que se insurgiu contra avanços precedentes —, sugerimos que a tentativa progressista de conter a corrosão social em curso nos marcos da crise estrutural do capitalismo implicou o recurso a práticas, dispositivos e políticas que aceleraram esse mesmo processo, segundo uma dinâmica que nomeamos como uma *contenção aceleracionista*. Essa dinâmica, por sua vez, conduz ao reforço de traços socioeconômicos que remetem à origem colonial, resultando em um segundo paradoxo: um *progressismo regressivo* que, no entanto, não se confunde com uma volta ao passado, pois a integração mediada pelo consumo conformou modalidades de *neoliberalismo inclusivo* que corroboraram e aprofundaram a razão neoliberal. Contenção aceleracionista, progressismo regressivo e neoliberalismo inclusivo são as chaves que propomos para examinar as contradições do progressismo e compreender por que a onda não abriu caminho para um mundo melhor.

Essa perspectiva de análise enfatiza a força das condicionantes estruturais de uma crise cujas raízes antecedem o próprio neoliberalismo e cujo alcance é mais amplo do que a América Latina: uma crise estrutural do capital que se evidencia a partir dos anos 1970 e que tem sido analisada por ângulos diversos (Brenner, 2003; Mészáros, 1999 [2002]; Kurz, 2014). Esse é o cenário em que avança uma dinâmica que nomeamos como *dessocialização autofágica*, ou seja, uma corrosão do tecido social produzida pela convergência entre a erosão do mundo do trabalho e a degradação de serviços públicos estatais, que tirou o lastro histórico da utopia de uma cidadania salarial. Esse processo corresponde a uma individualização de escolhas e responsabilidades, por meio de uma razão que afirma a concorrência como princípio ordenador das relações sociais: não existe sociedade, só indivíduos, como afirmou Margaret Thatcher.[1] Ao se esvaziarem as mediações entre a reprodução do capital e a reprodução da vida, ambas se misturam em uma simbiose violenta, sintetizada na noção de "capital humano", segundo a qual indivíduos incorporam a lógica do valor no governo de sua vida,

1 A razão neoliberal entende que a concorrência é um princípio otimizador das relações sociais por estabelecer as melhores relações custo-benefício. Nessa perspectiva, o papel do Estado é assegurar o ambiente ideal da concorrência, que é o livre-mercado. No polo oposto, a provisão de serviços públicos gratuitos e universais que caracteriza o Estado de bem-estar implica uma intervenção social contrária à concorrência e, portanto, à liberdade. Daí que, na ótica neoliberal, a redução da intervenção social estatal se identifique com a ampliação da liberdade, que se realizaria individualmente, na forma de escolhas de consumo. Uma lógica de responsabilização coletiva que se materializa em direitos universais dá lugar a uma lógica de responsabilização individual, fruto de escolhas de vida — vida que deve ser administrada por meio de cálculos responsáveis, como as empresas. Em última análise, a liberdade neoliberal é radicalmente antissocial, no sentido de que corrói a própria existência de uma esfera social. Disso deriva o seu caráter antidemocrático, conforme analisa Brown (2019).

transformando-se em empreendedores de si. Neste mundo em que cada um luta por si e todos lutam contra todos pelo privilégio da valorização, a reprodução social se converte em uma engrenagem que destila medo, ódio e indiferença.

Essa dinâmica de dessocialização autofágica é o pano de fundo da nossa análise dos limites e contradições dos processos políticos identificados com o progressismo latino-americano. Não se trata de um exercício de julgamento da história, identificando culpados e seus erros, mas de compreender os limites da aposta progressista a despeito da intenção de seus protagonistas, tendo em vista a gravidade do momento histórico que atravessamos. Entendemos que esse enfoque é imprescindível para um balanço da onda progressista no subcontinente, assim como para a compreensão do que virá.

O ponto de partida dessa discussão é uma reflexão sobre a ideologia do progresso e seus avatares na América Latina, com destaque para o desenvolvimentismo e o neodesenvolvimentismo. Argumentaremos que a evolução do capitalismo nas últimas décadas esvaziou o lastro histórico do desenvolvimentismo como utopia civilizatória da periferia, tornando o neodesenvolvimentismo do século XXI uma ideia fora do lugar. Em seguida, abordaremos a onda progressista latino-americana por meio de um sobrevoo pela história recente de diferentes países. Examinaremos os casos de Equador, Bolívia e Venezuela para interrogar o que resta do progressismo, enquanto México e Brasil são evocados em uma reflexão sobre a pertinência e o futuro desse horizonte político, que inclui alusões à Argentina e ao Uruguai. Em um contexto em que a convergência entre neoliberalismo e autoritarismo paira sobre toda a América Latina, com diferentes modulações, observamos que o progressismo se tornou uma política restauracionista, exortando-nos à volta de um passado idealizado, enquanto a direita se posiciona a favor do movimento da história, conducente à barbárie.

Na sequência, discutiremos rebeliões que eclodiram no Paraguai, na Colômbia e no Peru em plena pandemia, bem como os desdobramentos da insurreição chilena no período. A constatação de que esses países não foram governados pelo progressismo (com a exceção do inconcluso governo Lugo no Paraguai) enseja reflexões sob diferentes prismas de análise, que reforçam e complementam as teses do livro.

Nas seções finais, avançaremos as ideias do progressismo como regressão e de contenção aceleracionista como alicerces de uma leitura que enfatiza as contradições inerentes à própria dinâmica do progressismo, que reforçou a razão neoliberal. Nesta análise, extrativismo e empreendedorismo de si emergem como polos complementares de uma prática que misturou trabalho social e punitivismo, em um contexto de difusão do acesso ao dinheiro, viabilizado pela bolha de capital fictício global que lastreou a alta das commodities. A pretensão de governar as tensões sociais por meio de políticas de contenção do movimento dessocializante em curso não evitou a regressão da estrutura produtiva e o aprofundamento de uma dinâmica social autofágica. O progressismo se revela como uma racionalidade política diferente, mas não contraditória em relação aos seus opositores, numa realidade em que o capital se impõe como uma força extraparlamentar totalizante.

1

O progresso como ideologia

Theodor Adorno escreveu que "o progresso se dá no ponto em que termina".[2] Os efeitos da catástrofe sanitária e social trazida à tona pela pandemia de covid-19 mostram a atualidade da reflexão sobre as consequências do conceito de progresso, que anima nossas sociedades de forma pervasiva. Para Adorno, o progresso na modernidade seria um conceito falso, por haver se tornado um mito em contínua repetição, engendrando o oposto das aspirações declaradas em seu nome, ou seja, o contrário da emancipação humana. Assim, tais aspirações só poderiam ser de fato contempladas caso fosse posto em xeque o próprio conceito de progresso.

Mas a atualidade dessa reflexão, a nosso ver, não reside apenas no fato de a origem da covid-19 e de outras patogenias que têm se multiplicado pelo mundo remeter à forma cega e deletéria pela qual os homens produzem mercadorias em nome da ideia de progresso. Outra dimensão também é essencial aqui. Os que falam que, para preservar a economia, é necessário ("infelizmente") deixar a pandemia ceifar vidas só estão externando uma brutalidade que, em tempos "normais", se busca recalcar. Afinal, a própria lógica econômica da nossa sociedade é assassina e suicida, na medida em que rejeita qualquer consideração social alheia ao processo de valorização sem fim do capital, cada vez mais precário

2 ADORNO, Theodor. "Progresso", *Lua Nova*, n. 27, dez. 1992.

e inviável, contra tudo e contra todos. Destarte, apesar da sensação generalizada de fim do mundo, o progresso, talvez mesmo alimentado por essa sensação, continua uma força onipresente, à qual todos devem se curvar.

O problema se agrava quando observamos que a justificada indignação contra semelhante crueldade pragmática talvez não seja um bom guia para enfrentar a questão. Pois o problema do progressismo é que ele carrega a ilusão de que se poderiam separar seus bons e maus efeitos, em relação aos termos em que se dá a reprodução social na atualidade: separar o joio do trigo. O esteio dessa quimera é a ideia de que uma condução bem-intencionada e racional da vida social e econômica basta para que predominem os resultados desejáveis frente aos indesejáveis. Com isso, oblitera-se a questão de fundo, que reside no próprio movimento do progresso, que, por sua vez, a tudo arrasta e destrói.

Historicamente nascido da dominação consciente dos homens sobre a natureza e seus semelhantes, o progresso se desdobra num enorme poder inconsciente que se impõe de forma heterônoma a indivíduos, sociedades e Estados. Isso significa que, ao aderirmos às premissas aparentemente científicas e racionais de tal poder, subordinamos a sociedade ao caráter incontrolável de exigências irracionais, contrárias não apenas a uma vida saudável para as pessoas, mas também à própria sobrevivência, como atesta a crise ecológica. Essa irracionalidade fica nítida quando confrontamos a sofisticação tecnológica das formas atuais de produção com as dificuldades para garantir atenção de saúde aos indivíduos na pandemia global, assim como com os obstáculos para se assegurar a subsistência material de quem ficou sem renda face ao estancamento econômico.

O trilho do progresso, independentemente da coloração ideológica com que seja pintado, é a via tautológica da acumulação pela acumulação, da produção pela produção, do crescimento pelo crescimento; uma via civilizatória que subordina toda a vida ao movimento do valor e a seus objetivos abstratos de expansão sem fim, obliterando qualquer possibilidade de subordinar a vida material aos desígnios conscientes da sociedade. Em outras palavras, o substrato inerente ao conceito de progresso, seu caráter expansivo e infindável, é o caráter expansivo e infindável do próprio capital. Nesta forma social, o movimento do progresso é o movimento do capital. Por isso, é indiferente se o polo dominante em cada sociedade é o mercado ou o Estado, como nos ensinam as experiências soviética e chinesa: igualmente pautadas pelo progresso (neste caso, travestido de desenvolvimento das forças produtivas), as sociedades decorrentes de ambas as revoluções foram incapazes de superar a mercantilização do trabalho e da vida — em suma, de ir além do capital (Mészáros, 1999 [2002]).

Em síntese, o progresso enquadrado pela forma valor, ao contrário de conduzir à emancipação humana, aperta cada vez mais os parafusos da jaula de ferro do capital. Visto por esse ângulo, o trilho progressista, apesar das reivindicações de autonomia humana em seu nome, reafirma a crescente impotência da atividade de homens e mulheres frente à dominação de estruturas impessoais. E não poderia ser diferente, uma vez que o afã moderno pelo progresso sempre implica uma adaptação da sociedade para a produção de mercadorias e dinheiro, bem como às relações técnicas, sociais e ambientais que convergem no objetivo de alargar, indefinidamente, a escala dessa mesma produção.

2

Progresso na periferia

Uma apreciação crítica da onda progressista na América Latina deve estar referida ao sentido universal do conceito de progresso e considerar suas implicações específicas para o subcontinente. Na história da região, constata-se uma diversidade de avatares que ressoam a retórica do progresso: desenvolvimentismo, projeto nacional, busca pela soberania nacional, choques de capitalismo, modernização institucional, perspectiva de convergência econômica e social com os países ricos, entre outros. O *parti pris* comum dessas formulações é uma região que está sempre perseguindo o progresso como um futuro ainda não alcançado — o que, no caso brasileiro, se tornou, inclusive, um mantra: "Brasil, o país do futuro".

Isso não significa que o progressismo tenha sido sempre um mero embuste na América Latina. À sua maneira, ele proveu o enredo da modernização retardatária da região no século XX, um processo de difusão de relações sociais capitalistas mediado pelo Estado, que logrou diferenciar a estrutura produtiva, alargar padrões de consumo e mesmo urbanizar e industrializar, em diferentes escalas, países da região. É certo que essa modernização sempre se antagonizou com os modos de vida indígena e camponês, reatualizando a dicotomia "civilização ou barbárie" que acompanhou a formação dos Estados nacionais nesta parte do mundo. Em todo caso, esse paradigma fomentou a inspiração civilizatória do capítulo latino-americano do desenvolvimentismo, ainda que em sua versão desigual e combinada.

No entanto, o fluxo dinâmico do movimento histórico se subverteu nos decênios recentes. Se outrora o progresso aparecia como um caminho para a formação de economias nacionais integradas e sociedades salariais inclusivas modeladas no Estado de bem-estar social, o sinal se inverteu no presente, e são os fantasmas tipicamente latino-americanos da superfluidade e da exclusão que se universalizam. A raiz desse processo remete à crise do capital instaurada a partir dos anos 1970, cuja natureza não é cíclica, mas estrutural: um *continuum* depressivo incapaz de engendrar uma nova rodada de acumulação produtiva global e sustentável (Mészáros, 1999 [2002]). Seu pano de fundo são inovações produtivas que levaram ao paroxismo a contradição do capital de exigir trabalho (para produzir valor) e expulsá-lo (via inovação tecnológica, motivada pela concorrência entre os capitais).

O resultado é que o próprio "valor em movimento", isto é, o capital como processo de contínua ampliação de si, se encontra bloqueado (Kurz, 2014). Põe-se em evidência, então, a "contradição em processo", para usar os termos de Marx, entre o trabalho vivo, cada vez mais obsoleto para produzir riqueza material, e o capital, que só pode realizar a expansão do valor por meio da exploração desse mesmo trabalho vivo. Daí emanam dois fenômenos cruciais: i) o capital libera, com intensidade cada vez maior, o seu potencial autodestrutivo sempre latente, minando sua base de valorização; ii) o valor como forma de mediação social torna-se cada vez mais anacrônico, ou seja, a dinâmica que subordina todas as dimensões da vida aos critérios de rentabilidade econômica se revela progressivamente mais irracional e destrutiva (Postone, 2014).

O paradoxo do mundo contemporâneo é que a riqueza material nunca foi tão grande, mas, por ter a forma de mercadorias, não serve para atender às necessidades sociais, e sim apenas para produzir valor. De modo análogo, a produtividade do trabalho nunca foi maior; contudo, em vez de um mundo no qual todos trabalham menos, a lógica do valor faz do sistema uma máquina de excluir gente. Face a essa abundância em que não cabem as pessoas, as tentativas de manter a ordem social capitalista tendem a ser cada vez mais disruptivas, caóticas e irracionais (Menegat, 2019).

Essa dinâmica, que é estruturalmente incapaz de expandir o valor, ao mesmo tempo que o erige a uma espécie de altar, como critério absoluto das ações humanas, só pode ser uma dinâmica sacrificial. Contraditoriamente, quanto menos há emprego, mais o trabalho adquire o caráter de um sacrifício. Em todo o mundo, quanto menos os mercados permitem a reprodução social da existência, maior é a exigência de sacrifício e de adaptação dos indivíduos aos dispositivos neoliberais de seleção e exclusão. Igualmente, a natureza é sacrificada em ritmo cada vez mais acelerado. Nessas condições, a reprodução rotineira do presente implica a intensificação de uma dinâmica corrosiva, que é assassina e suicida a um só tempo.

À medida que o tempo de trabalho vivo se torna exíguo frente às necessidades da valorização capitalista, o tempo presente precisa ser acelerado, de forma compensatória, em escala máxima. Nesse quadro, a principal forma de mitigar o potencial destrutivo dessa lógica sacrificial tem sido, há décadas, a criação desmedida de dinheiro pelas vias do crédito e do capital fictício. Com a multiplicação, em escala crescente, de capital, crédito e dinheiro, que não têm em si valor algum (Kurz, 2014), engendra-se artificialmente a disponibilidade do objeto de sacrifício de todos — a riqueza monetária. Em síntese, diante da crise estrutural, tenta-se "ganhar tempo" ou instituir-se um "tempo comprado" (Streeck, 2013

[2018]). Aqui, a expressão "ganhar tempo" não só alude a adiar uma nova crise, como também indica a busca de se antecipar tempo, simulando no presente a criação de valor efetivo, que pode nunca vir a acontecer no futuro.

A aposta tácita de que a história latino-americana ainda estaria no lado do progresso no século XXI só poderia se colocar como um norte simbólico ou como fonte de legitimação — isto é, como ideologia. O colapso da modernização dos países latino-americanos já ocorrera bem antes e de forma determinante. De um lado, o ponto de chegada econômico dessa trajetória modernizadora, identificado pela esquerda ou pela direita com a industrialização, tornara-se ainda mais distante. Afinal, as exigências, em termos de ciência, qualificação, capitalização e infraestrutura, ampliaram a distância para os países latino-americanos que chegaram tarde à corrida, sem contar o fato de que as tecnologias são cada vez menos acessíveis diante da generalização de patentes e da propriedade intelectual de característica monopolista. Assim, mesmo o "dumping social" dos antigos projetos nacionais, que se apoiavam na disponibilidade de mão de obra barata para buscar o salto modernizador, torna-se cada vez mais obsoleto, sobretudo nos setores-chave da economia global, que são, precisamente, os que mais dispensam trabalho vivo.

Talvez ainda mais importante do que o alargamento da distância em relação aos centros capitalistas seja a mudança de estatuto do próprio ponto de chegada, a saber, do futuro no qual se depositavam esperanças. Seguimos aqui a pista de Paulo Arantes, que descreve o "novo tempo do mundo" como um tempo de "expectativas decrescentes", no qual o horizonte de futuro é encurtado como contrapartida subjetiva de um presente que, ao contrário do tempo do progressismo iluminista, não promete um porvir melhor: uma sociedade "sem futuro", como se diz no Brasil. Uma vez que a política moderna foi concebida como uma forma de se planejar, antever ou acelerar o progresso a um ansiado futuro, quando nos confrontamos com uma realidade em que esse futuro aparece bloqueado ela dá lugar à mera administração do presente: a política, da maneira como a conhecemos, envolvendo a disputa entre diferentes horizontes civilizatórios, termina. E, assim como a própria vida em uma era de expectativas decrescentes, passa a ser regida pelo princípio do mal menor (Arantes, 2014).

3

Progressismo no século XXI

"Ganhar tempo", "expectativas decrescentes" e "mal menor" são algumas das balizas do tempo do progressismo latino-americano que desvelam nexos entre a modernização frustrada no século XX e os "novos desenvolvimentismos" do século XXI — os quais, em tais condições, só poderiam reeditar-se como farsa. Diante do fracasso da modernização, frustrando a promessa de criar sociedades que integrassem suas populações à dinâmica da reprodução econômica, restou uma multidão de pessoas excluídas e "se virando" que só cresceu desde a crise da dívida latino-americana nos anos 1980. O aprofundamento dessa situação na década seguinte, frente às tentativas de ajuste econômico na nova ordem global e às reações sociais que encetou, pavimentou as bases para o advento da onda progressista (1998-2016). Pode-se dizer que esses governos traduziram o ensejo de reatar a meada de uma construção nacional perdida, retomando a marcha rumo a um futuro que não parecia interditado, mas em suspenso.

Eleitos como alternativa ao neoliberalismo, esses governos adotaram como referência a ideologia do progresso, que tem como versão terceiro-mundista o "desenvolvimentismo". Entretanto, confrontado com a desindustrialização do subcontinente (ou com as maquiladoras) e a abertura econômica multilateral, o desenvolvimentismo se tornara uma ideia fora do lugar, escorando-se naquilo que os hispanófonos descrevem como "extrativismo", ou seja, a intensificação da exploração de recursos primários, aguçando conflitos socioambientais em toda parte. No século XXI, o "mito do desenvolvimento econômico" anda de mãos dadas com o "consenso das commodities",[3] um traço comum, inclusive, dos governos que não se identificaram com o progressismo (Furtado, 1992).

Ainda assim, interpretada em seus próprios termos, a onda pareceu exitosa em um primeiro momento, o que é atestado pelo fato de que todos os presidentes se reelegeram e/ou elegeram seus sucessores, com exceção do caso paraguaio. O crescimento econômico insuflado pela alta no preço das commodities facilitou a criação de políticas focalizadas que mitigavam a pobreza, enquanto os negócios prosperavam como de costume, resultando em uma relativa pacificação social. O neodesenvolvimentismo brasileiro, o *capitalismo en serio* na Argentina, o *proceso de cambio* na Bolívia, a *revolución ciudadana* no Equador, entre outros, perseguiam a pedra filosofal de um neoliberalismo inclusivo, como outrora se buscou o desenvolvimento dependente, na esperança de forjar amálgamas a partir dos quais surgiriam nações. Quando a União de Nações Sul-Americanas (Unasul) foi fundada, em 2008, a Colômbia sentiu-se coagida a participar, sob o risco de se ver isolada na região. Naqueles dias, Obama considerava Lula o político mais popular do mundo,[4] e a revista *The Economist* estampava na capa uma imagem

3 SVAMPA, Maristella. "'Consenso de los commodities' y lenguajes de valoración en América Latina", *Nueva Sociedad*, n. 244, mar.--abr. 2013.

4 "Brazil's Lula: the most popular politician on earth", *Newsweek*, 21 set. 2009.

do Cristo Redentor subindo como um foguete, com a legenda: "O Brasil decola".[5]

Em fins de 2015, quando o bolivarianismo sofreu uma derrota acachapante nas eleições parlamentares venezuelanas e Mauricio Macri elegeu-se presidente da Argentina, parecia que a onda cedia a uma ressaca reacionária, percepção consumada com o impeachment de Dilma Rousseff em 2016. Cinco anos depois, embora Maduro se segurasse no poder, López Obrador governasse o México e o kirchnerismo tivesse voltado à Casa Rosada, ainda que na vice-presidência, era patente uma mudança de época.[6] O que resta do progressismo, no poder ou fora dele, está na defensiva, isolado ou ambas as coisas. A Colômbia passou de anomalia a referência, de exceção a regra, de resquício do passado a antecipação do futuro. Os tempos de Lula são agora de Bolsonaro. Por que essa mudança?

Entendemos que esse deslizamento à direita resulta da conjunção de fatores sociais, políticos e econômicos que operam de modo particular em cada país, mas no qual é perceptível uma gramática comum. Na economia, constata-se um agravamento da crise, expressa como recessão e/ou inflação, no contexto de desaceleração da alta das commodities. Na sociedade, a legitimidade do progressismo foi posta em xeque entre os de cima por diferentes motivos, mas também entre os de baixo. Na esfera política, a perpetuação do progressismo no poder alimentou um mal-estar crescente à sua direita, expresso, principalmente, na linguagem de denúncias de corrupção, denotando uma oposição movida

5 "Brazil takes off", *The Economist*, 14 nov. 2009.

6 Em 2007, no contexto de ascensão do progressismo, Rafael Correa sugeriu que a América Latina não vivia uma "época de mudanças", mas uma "mudança de época". Ver Gaudichaud, Modonesi & Webber (2020).

antes por disputa de poder do que por agendas fundamentalmente distintas. Essa reação foi favorecida pelo contexto internacional hostil, como indicou o reconhecimento de Juan Guaidó como presidente da Venezuela pelos Estados Unidos e pela maioria dos países da União Europeia em 2019, atitude que desafia a legalidade e o bom senso. Essa gramática de fatores econômicos, sociais e políticos é uma referência, não uma lei, tanto que a economia boliviana ainda crescia quando Morales foi derrubado, enquanto o tema da corrupção foi marginal na eleição uruguaia no mês seguinte. Mas ela transmite o sentido do movimento da história, que, como dissemos, tem uma expressão particular em cada caso.

A seguir, examinaremos brevemente os três países nos quais o progressismo fincou raízes mais profundas. Na Venezuela, na Bolívia e no Equador, constituições foram reescritas no início do século XXI com o objetivo de refundar nações. Ao analisarmos esses países, deparamos com diferentes *démarches*, ou diferentes vias, que conduziram o progressismo a uma situação crítica no período recente. Na sequência, analisaremos casos que parecem desmentir o fim do progressismo: México, Argentina e mesmo o Brasil. Sugerimos que o progressismo não está necessariamente sepultado como alternativa de manutenção da ordem, mas, sim, como horizonte de mudança. Nestes dois últimos países, assim como no Uruguai, constata-se que a política progressista se tornou restauracionista, porque busca a impossível reedição de um passado recente idealizado: enquanto a direita troca de pele, o progressismo se revela, literalmente, sem futuro. Em seguida, a constatação de que eclodiram rebeliões, durante a pandemia, nos países sul-americanos que não mergulharam na onda progressista (Colômbia e Peru), ou onde essa experiência foi efêmera (Paraguai), instiga reflexões sobre os nexos entre progressismo e ordem.

Encerraremos esse sobrevoo da conjuntura regional com considerações sobre o caso chileno, no qual o ceticismo imperante entre os rebelados evidenciou, por negação, aquilo em que o progressismo de fato se transformou e o que ainda promete: um simulacro de mudança.

4

O que resta do progressismo?

Equador

Argumentamos que na crise do progressismo convergem, de diferentes modos, aspectos políticos, econômicos e sociais. No Equador, a crise explodiu pela esfera social. Recapitulemos as linhas gerais da história recente: após uma disputa eleitoral acirrada em 2017, Lenín Moreno sucedeu Rafael Correa (2007-2017), a quem já tinha servido como vice-presidente (2007-2013). A seguir, em seu empenho por diferenciar-se da figura dominante de Correa em um momento em que a Alianza País perdia prestígio, Moreno aliou-se à direita tradicional e aos Estados Unidos. No processo, entregou à polícia Julian Assange, asilado na embaixada equatoriana em Londres desde 2012.

Em meio a acusações mútuas e processos por corrupção, Correa deixou a Alianza País e fundou um novo partido em 2018. No mês seguinte, um referendo alterou a Constituição para impedir a possibilidade de ex-presidentes concorrerem a um terceiro mandato, seguindo o modelo dos Estados Unidos. O alvo era claro. Enquanto isso, Moreno intensificou a agenda do ajuste estrutural negociada com o Fundo Monetário Internacional, em um contexto de expansão acelerada do endividamento externo do Estado — Correa promovera uma auditoria da dívida em seu primeiro mandato. A escalada de austeridade teve um "basta" das ruas detonado por um corte no subsídio ao preço do combustível (além de reduções no salário de servidores públicos e outras medidas). Uma rebelião social protagonizada por indígenas, que contou com a solidariedade massiva e pouco frequente da classe média, sacudiu o país em outubro de 2019, forçando o governo a reverter a medida depois de enfrentamentos que resultaram em diversos mortos.

Analisando o processo equatoriano em seu conjunto, entre as disputas internas de suas lideranças e a conversão da Alianza País em um partido da austeridade, observamos um caso de *transformismo progressista* no sentido gramsciano do termo, ou seja: a "transformação" se opera como incorporação da oposição à ordem. No caso equatoriano, o progressismo implodiu.

Mas essa implosão teve desdobramentos inesperados nas eleições presidenciais de 2021. O que seria uma disputa convencional entre o jovem correísta Andrés Arauz e o banqueiro Guillermo Lasso, candidato pela terceira vez, ficou mais complexa quando o líder indígena Yaku Pérez embolou a disputa, representando o movimento Pachakutik. O progressismo internacional pintou a candidatura de Pérez como um cavalo de Troia da direita, o que diz mais sobre o progressismo do que sobre o rival.[7] Na realidade, ao defender a natureza, os territórios e a água, o movimento Pachakutik se apresentou como uma alternativa ao progressismo, mas pelo lado da vida. Esta foi a singularidade equatoriana: a novidade política não teve o cheiro do fascismo, como no Brasil, nem o bolor do velho, como na Bolívia.

7 SCHAVELZON, Salvador. "Las varias caras progresistas en campaña sucia contra el candidato indígena del Ecuador", *Desinformémonos*, 12 mar. 2021.

Apuradas 99,26% das urnas no primeiro turno, Arauz tinha quase um terço dos votos, enquanto Pérez levava ligeira vantagem sobre Lasso: 20,09% contra 19,5%. Entretanto, em contraste com a rapidez inicial, essa porcentagem restante dos votos tardou quase uma semana em ser apurada, e o resultado final favoreceu Lasso. Militantes do movimento Pachakutik afirmam que, ao longo daquela semana, o correísmo entrou em acordo com Lasso, candidato que os apoiadores de Arauz acreditavam poder vencer com mais facilidade no segundo turno. Com isso, o banqueiro recusou um acordo pela recontagem dos votos, reivindicação que a candidatura de Pérez foi, então, incapaz de levar adiante.[8]

O progressismo internacional retratou o pedido de recontagem dos votos como uma ameaça à ordem e, por sua vez, denunciou uma aproximação entre Lasso e o Pachakutik, embora o movimento se posicionasse pelo voto nulo no segundo turno.[9] Seja como for, o modo autoritário como a candidatura de Arauz lidou com a oposição indígena reafirmou a identificação do correísmo com as formas da autocracia burguesa. Essa identificação é fundamental para compreender a derrota sofrida pelo progressismo, sem necessidade de recorrer a maquinações envolvendo os Estados Unidos. Para além da suspeita de fraude no primeiro turno, os que consideram natural que a "esquerda" indígena votasse na "esquerda" progressista devem recordar as célebres palavras de Correa, que considerava o "esquerdismo",

8 PICQ, Manuela. Videoconferência realizada na Unifesp, 26 fev. 2021.

9 Entretanto, o líder do Pachakutik, Jaime Vargas, apoiou Arauz. Pérez, por sua vez, deixou o partido pouco depois, quando a deputada indígena Guadalupe Llori assumiu a liderança do parlamento em um acordo pouco transparente com o então recém-iniciado governo Lasso. Nesse mesmo contexto, o correísmo negociava seu apoio a Lasso em troca de um indulto ao ex-presidente.

o "ecologismo" e o "indigenismo" como seus piores inimigos.[10] Foi esse progressismo autoritário, cúmplice do capital financeiro e do extrativismo, que o voto popular castigou no Equador.

Bolívia

Na Bolívia, a crise explodiu pela política. Os acontecimentos recentes no país são complexos e motivo de controvérsia na esquerda. Sem entrar nos meandros do debate, é essencial ter clareza sobre alguns pontos. Em primeiro lugar, a situação que levou à derrocada de Evo Morales não deve ser enquadrada como uma disputa de "esquerda contra direita", uma vez que, ao menos desde 2011, a base popular do governo estava rachada. Naquele ano, foi reprimida brutalmente a marcha indígena contra a construção de uma rodovia atravessando a Terra Indígena e Parque Nacional Isiboro Sécure (Tipnis), cindindo o Pacto de Unidad que aglutinava as principais organizações sociais do país em torno do Movimiento al Socialismo (MAS) desde 2004. Nessa mesma conjuntura, um significativo grupo de intelectuais, incluindo egressos de altos cargos no governo, fez circular o *Manifiesto por la recuperación del proceso de cambio para el pueblo y con el pueblo*.

O governo reagiu a essa fratura em sua base de apoio de modo intolerante, perseguindo, difamando e dividindo organizações e lideranças críticas.[11] Ao mesmo tempo, con-

10 "Protesta contra Ley de Minería se da bajo advertencia oficial", *El Universo*, 20 jan. 2009.

11 "García Linera señala que la Fundación Tierra y el CEDIB mienten en favor de los extranjeros", *Fides*, 8 ago. 2015; "Tipnis: Morales exige enjuiciar a financiadores de VIII marcha indígena", *Fides*, 10 dez. 2013.

solidou alianças com setores políticos conservadores, o agronegócio e as multinacionais que exploram petróleo, gás e minérios no país. Ninguém no andar de cima estava perdendo dinheiro na Bolívia de Morales. Nesse processo, o MAS reforçou seu poder junto à mídia, ao Judiciário, à polícia, e mesmo na relação com as Forças Armadas, lubrificada com orçamentos elevados e a manutenção de privilégios, como a aposentadoria integral. Esse projeto de poder centrou-se cada vez mais na figura de Evo Morales, alimentada pelo ideólogo do regime, o vice-presidente Álvaro García Linera, sob a consigna de um "evismo, o nacional-popular em ação".[12]

Essas considerações contextualizam a derrota sofrida por Morales no referendo constitucional em fevereiro de 2016, propondo remover as restrições à reeleição presidencial. A essa altura, numerosos movimentos populares, organizações sociais e intelectuais da esquerda eram críticos ao governo e contrários à proposta. Apesar do revés por estreita margem, o presidente insistiu em candidatar-se. Argumentou junto ao Tribunal Constitucional que o veto à sua candidatura infringia um direito assegurado pelo artigo 23 da Convenção Americana de Direitos Humanos, da qual a Bolívia é signatária: a candidatura de Morales colocava-se como um direito humano, acima da norma constitucional.[13] Em 2013, o tribunal já favorecera Evo ao permitir sua terceira candidatura, quando a Constituição previa a possibilidade de o presidente em exercício reeleger-se apenas uma vez. Na ocasião, considerou-se que sua primeira eleição, em

12 GARCÍA LINERA, Álvaro. "El evismo: lo nacional popular en acción", *Observatorio Social de América Latina*, n. 19, 2006.

13 O precedente, nesse sentido, foi aberto pelo ex-presidente da Costa Rica e prêmio Nobel da Paz, Óscar Arias, em 2003 (reeleito em 2006), seguido por Daniel Ortega na Nicarágua em 2014 e por Juan Orlando Hernández em Honduras no ano seguinte.

2005, não seria contabilizada, porque a Constituição entrara em vigor posteriormente. Na prática, em outubro de 2019, Morales candidatou-se ao quarto mandato consecutivo.

Nesse contexto, difundiu-se um profundo mal-estar em relação a essa candidatura, e não apenas à direita. Quando a contagem dos votos foi suspensa num momento em que o presidente liderava a apuração, mas sem evitar o segundo turno (a lei boliviana exige 50% dos votos mais um, ou 10% de vantagem em relação ao segundo colocado), o mal-estar transbordou. O resultado final deu a vitória a Morales no primeiro turno por estreita margem: 47,08% contra 36,51% de Carlos Mesa — uma diferença de 10,57% dos votos. Mas a suspeita de fraude provocou um levante no qual a ocupação das ruas foi protagonizada não pela direita (embora ela também estivesse presente), mas, particularmente, por uma juventude para quem o MAS, no governo havia treze anos, sempre foi poder. Confrontado com policiais rebelados, o governo apelou para o Exército, que se recusou a reprimir os dissidentes e sugeriu que o presidente renunciasse — uma posição golpista. Em suma, os protestos desestabilizaram o governo e criaram uma situação que a direita se empenhou, então, em aproveitar.

Analisada a dinâmica que levou à derrocada de Morales, assistimos na Bolívia a uma tentativa do progressismo, uma vez convertido em poder, de se perpetuar no governo, a despeito das regras que ele próprio estabelecera: uma modalidade de *progressismo monocrático*.

Nesse quadro, como explicar o retorno do MAS à presidência um ano depois? Em primeiro lugar, é preciso lembrar que a sucessora de Morales, Jeanine Áñez, chegou ao poder em meio a manobras espúrias, uma vez que a Constituição não estabelecia um mecanismo de sucessão diante da renúncia coletiva levada a cabo simultaneamente pelo presidente, pelo vice e pelos chefes da Câmara e do Senado. A senadora assumiu a presidência em meio a beijos em bíblias, whipalas[14] incendiadas e violência nas ruas. De saída, foi cúmplice de massacres em El Alto (Senkata) e Cochabamba (Sacaba). Em seguida, se revelou inábil para lidar com a economia e com a pandemia, envolveu-se em denúncias de corrupção e protelou de forma arbitrária as eleições. À maneira de Michel Temer, seu curto governo foi percebido como ilegítimo, incompetente e corrupto, enquanto o espectro do racismo e das tensões regionais voltou a assombrar as maiorias.

Em contraste, o MAS se reapresentou com um gestor responsável, que garantiria estabilidade para os negócios e para as pessoas — uma imagem bastante diferente do "governo dos movimentos sociais" que se elegeu em 2005 prometendo "mandar obedecendo". A expectativa de mudança associada ao *proceso de cambio* deu lugar a um espírito restaurador, sob a égide do mal menor.

Visto por outro ângulo, o triunfo do MAS mesmo após ter sido purgado de seu caudilho problematiza a narrativa de uma conspiração golpista com amparo internacional contra o *proceso de cambio*. Ao contrário, o suave regresso do partido agora representado por Luis Arce ao Palacio Quemado, seguido da prisão de Jeanine Áñez, parece restituir a correlação de forças real no país, onde o MAS é poder e a oposição carece de causas. Em 2021, o MAS luzia como o mais exitoso dos progressismos sul-americanos: não tanto por ter transformado a Bolívia, mas, sim, por ter modelado as exigências da ordem que comanda (e se modelado a elas). Entre tais exigências, inclui-se a alternância eleitoral.

14 Bandeira dos povos indígenas andinos, reconhecida como símbolo oficial do Estado boliviano a partir de 2009. [N.E.]

Venezuela

Na Venezuela, a origem da crise é econômica. Sua raiz remete às limitações do bolivarianismo para romper com a situação que Celso Furtado (2008) descreveu como "subdesenvolvimento com abundância de divisas", ou seja: diversificar uma economia dependente da exportação do petróleo, superando a chamada "doença holandesa", em que a apreciação da moeda local diante do influxo de divisas oriundas do petróleo torna relativamente fácil e barato importar, inibindo a produção nacional. O risco é o país se tornar uma espécie de "parasita da natureza", segundo a expressão empregada por Uslar Pietri nos anos 1930.

A crise econômica tem três expressões principais: inflação, desajuste cambial e escassez de bens. Em particular, a disparidade entre a taxa de câmbio oficial e a paralela, em uma economia que importa tudo o que consome, teve um efeito social corrosivo. Em uma situação de escassez relativa de divisas agravada pela queda no preço do petróleo, itens básicos eram vendidos segundo a cotação paralela (por vezes, de modo ilegal, pois importados pelo dólar oficial), cujo preço disparou: no momento das eleições, em dezembro de 2015, o câmbio paralelo superava o oficial em cem vezes (aproximadamente 1 dólar para 7 bolívares no oficial e 1 para 800 no paralelo). Isso significa que uma pasta de dente vendida por 800 bolívares custava 1 dólar para quem tinha acesso a esta moeda, mas equivalia a mais de 100 dólares para quem não tinha. E a diferença continuou aumentando: em 2018, o dólar alcançou 250 mil no paralelo; naquele ano, o governo cortou cinco zeros da moeda.

Essa disparidade desorganizou a economia e o cotidiano. Fez-se a transição de uma situação episódica, em que muitos ganhavam algum dinheiro especulando no varejo (por exemplo, enchendo o tanque de gasolina na Venezuela para revendê-la na Colômbia), para uma realidade em que todos precisam de dólares para defender o seu padrão de vida — em suma, para uma realidade em que o trabalho (os ganhos do trabalho) não basta para assegurar a reprodução social.

Esse é o pano de fundo da erosão da popularidade do bolivarianismo, que se expressou nas urnas em dezembro de 2015, quando o governo sofreu uma derrota acachapante, elegendo menos de um terço dos parlamentares. Tal situação confrontou o bolivarianismo com um dilema. Caso aceitasse o resultado, o governo se veria em uma posição vulnerável, pois a maioria parlamentar absoluta permitiria à oposição manobrar para revogar ou impedir o mandato de Nicolás Maduro — um objetivo nunca disfarçado. Por outro lado, desconhecer o resultado implicaria contornar a institucionalidade na qual o processo tinha se apoiado até então — sob Hugo Chávez, o bolivarianismo realizou, em treze anos, dezessete eleições e plebiscitos, dos quais venceu dezesseis.

O governo optou pela segunda via, e esse curso dividiu até mesmo seus apoiadores.[15] Há quem entenda que os fins justificam os meios, argumentando que é preciso evitar o

15 Após a derrota em dezembro de 2015, quando elegeu menos de um terço da Assembleia Nacional, a legislatura que saía, de maioria governista, designou treze magistrados titulares e 21 suplentes para o Tribunal Supremo de Justiça. Ato contínuo, a corte impugnou a eleição de três deputados do Amazonas, tirando da oposição a maioria absoluta na casa. No entanto, a Assembleia decidiu incorporá-los, o que levou o tribunal a considerá-la em desacato, suspendendo suas funções. Em 2017, a Assembleia nomeou um tribunal paralelo no exílio, enquanto o governo convocou a eleição de uma Assembleia Constituinte, boicotada pela oposição. No ano seguinte, Maduro reelegeu-se, mas o pleito não foi reconhecido por parte da oposição. Desenhou-se, assim, a dualidade de poderes que culminou com a autoproclamação de Guaidó em janeiro de 2019.

destino dos sandinistas na Nicarágua, que entregaram o poder em 1990 para rivais que desmantelaram as realizações precedentes. Por outro lado, existem também os defensores de que os meios contradizem os fins, e o bolivarianismo se afasta de qualquer aspiração de mudança com a qual originalmente se identificou: na síntese de Edgardo Lander, quanto mais tempo Maduro ficar no poder, menos restará do chavismo.[16]

Nesse processo, o governo radicalizou a aliança com os militares, que comandam a vice-presidência, diversas administrações estaduais e ministérios, mas também a estatal Petróleos de Venezuela (PDVSA), o comércio exterior, a importação e distribuição de alimentos, a compra de armas e os projetos de mineração, além de contrabandos diversos (Jácome, 2017). Enquanto isso, a crise se aprofundou: em maio de 2019, relatório do Banco Central estimou a inflação dos doze meses anteriores em 282.000%. Naquele mês, a cesta básica familiar era calculada em 1.218.147,82 bolívares, enquanto o salário mínimo vigente era de quarenta mil bolívares, o que significa que era necessário um salário mínimo por dia para alimentar adequadamente uma família. A queda do PIB nos cinco anos anteriores superava 50%, uma retração maior do que a sofrida pela Polônia entre 1939 e 1943 em meio à Segunda Guerra Mundial e à ocupação nazista, quando o PIB caiu 44%.[17]

16 SUBVERTA. "Entrevista com Edgardo Lander direto da Venezuela", 26 jan. 2019.

17 RIVAS ALVARADO, José Felix. Debate com o Grupo de Trabalho Clacso de Integração Regional; CENDA. "Canastra alimentaria. Mayo 2019", 16 jun. 2019; "Deuda externa venezolana: un mapa de propuestas", *Prodavinci*, 20 fev. 2019; SUTHERLAND, Manuel. "Où va le Venezuela? (à supposer qu'il aille a quelque part...)? Entretien avec Manuel Sutherland", *Contratemp*, 26 jan. 2019.

De lá pra cá, a deterioração continuou: em 2020, o país completou sete anos de retração econômica. Apesar da escassez de dados, o economista Manuel Sutherland, no começo de 2021, estimava em 90% a retração do PIB desde 2013, período em que o poder de compra dos salários encolhera 94% e o PIB per capita era o segundo mais baixo da região, depois do Haiti. O país não tinha reservas nem crédito, enquanto a fuga de capitais e a dívida externa se aceleravam.[18]

Naquele momento, apoiar-se no petróleo para sair do fundo do poço estava mais difícil, não somente porque os preços caíram, mas porque a PDVSA perdeu produtividade:[19] o país, que extraía três milhões de barris por dia em 2001, vinte anos depois não alcançava quatrocentos mil barris — número mais baixo que o do Equador. Enquanto isso, os venezuelanos faziam fila para comprar gasolina. A resposta do regime à falta de divisas tem sido abrir novas fronteiras extrativistas, sobretudo no arco mineiro do Orinoco, onde militares escorados em investimentos estrangeiros comandam a exploração legal e ilegal de ouro e outros minérios, em meio a relações de associação e competição com bandos armados, em um quadro de esfacelamento da autoridade estatal. No plano jurídico, delineia-se uma reconfiguração territorial do extrativismo sob a figura das zonas econômicas especiais, que refletem e reforçam a desagregação do tecido nacional em curso. Face ao colapso das instituições e ao florescimento da economia criminosa, foi deixando de fazer sentido falar em "petroestado" na

18 SUTHERLAND, Manuel. Videoconferência realizada na Unifesp, 5 fev. 2021.

19 Em função da distorção cambial, a PDVSA vendia os dólares que arrecadava a uma taxa artificialmente baixa, o que facilitou as importações subsidiadas para o governo, mas diminuiu a receita da empresa, comprometendo sua capacidade de reinvestimento.

Venezuela: a realidade era cada vez menos "petro", cada vez menos Estado.[20]

Vista em seu conjunto, a evolução do bolivarianismo no poder explicita os limites da mudança progressista diante de uma dinâmica social corrosiva que lhe antecede e a contém. O bolivarianismo levou ao máximo as possibilidades do padrão rentista, que é a versão venezuelana do extrativismo, o qual, em todos os casos, serviu como combustível para o progressismo na região. No plano político, tensionou o quanto pôde as balizas da ordem, sem subvertê-la. A Venezuela é o único país em que a reação conservadora ao progressismo, materializada no golpe fracassado de abril de 2002, reforçou o compromisso do governo com a mudança e não com a ordem. O resultado foi a experiência em que o progressismo durou mais tempo e fincou raízes mais profundas.

Entretanto, passados mais de vinte anos de bolivarianismo no poder, constata-se na Venezuela um tecido social esgarçado, em que a corrosão das instituições e a informalização da economia produzem um cotidiano atravessado por corrupção e violência. A militarização do Estado se intensificou, ao mesmo tempo que proliferam poderes paraestatais à moda colombiana, costurando uma economia política da delinquência que vai desde "pedágios" nas estradas até contrabando de ouro. Esses atores, alinhados a capitais internacionais, articulam um reordenamento do marco jurídico, dos produtos e dos territórios do extrativismo, apontando

20 TERÁN MANTOVANI, Emiliano. Exposição durante o curso de extensão "Realidade Latino-Americana", 25 abr. 2020.

uma nova geografia da predação que ganha os contornos de um "arquipélago de economias de enclave".[21]

É certo que as sanções estadunidenses, impostas desde agosto de 2017, agravam o quadro, mas não são a sua causa. As origens dessa crise multidimensional remetem às contradições do próprio processo bolivariano, sintetizadas em dois oxímoros. Na política, a ideia de um "Estado comunal" revela a contradição inerente à intenção de produzir poder não estatal a partir do Estado. Na economia, o antigo bordão "semear o petróleo" dissimula relações sociais antitéticas: semear é vida, mas petróleo é extrativismo, expressão por excelência das permanências coloniais no século XXI. Sua outra cara é o mimetismo cultural, que se revela na importação de padrões de consumo, viabilizada, justamente, pelo excedente petroleiro. Assim como seus predecessores, o bolivarianismo descobre que quem semeia rentismo colhe uma política estadocêntrica, uma economia extrativista e uma cultura consumista. A crise venezuelana se confunde com os limites desse modelo, que foi repaginado e levado ao extremo no século XXI. Vista pelo prisma da intersecção entre ecologia e cultura, constata-se na Venezuela a crise de um modo de vida, o que lhe confere caráter universal.

Em síntese, o resultado dessa dinâmica contraditória na Venezuela é o *progressismo como desastre*, uma realidade encarnada no corpo dos cinco milhões de migrantes que, segundo o Alto Comissariado das Nações Unidas para os Refugiados, deixaram o país, mas também no daqueles que ficam. Constata-se que o país onde o progressismo mais avan-

21 TERÁN MANTOVANI, Emiliano. "Venezuela — extractivismo 2021: geografías del ajuste, nuevas estrategias de re-colonización y luchas por la vida", *Observatorio de Ecología Política de Venezuela*, 20 maio 2021.

çou na região é também aquele onde mais se acelerou a sua crise. A questão que se coloca é se a decomposição da Venezuela atesta o fracasso do progressismo ou a sua realização. Afinal, talvez seja essa a cara do progresso na América Latina do século XXI.

5 O passado como futuro

México

Esse sobrevoo do progressismo poderia ser ampliado para incluir, por exemplo, a Nicarágua sob Daniel Ortega a partir de 2006, onde níveis agudos de repressão estatal sustentam um programa antipopular comandado por um casal que enxerga a si mesmo como uma dinastia, conformando o que se pode denominar *progressismo como tirania*. Em vez disso, enfocaremos o outro lado: a esperança que ainda se deposita no progressismo. Para alguns, o episódio progressista mexicano em curso é a prova viva de que essa forma política permanece atual e relevante. De fato, trata-se de um caso significativo, particularmente quando contrastado com o Brasil. A questão central que se estabelece, do nosso ponto de vista, é interrogar se a eleição de Andrés Manuel López Obrador (AMLO) em 2018 deve ser interpretada antes como uma vitória da mudança ou como alternativa de gestão da crise.

A partir de tal perspectiva, avançamos duas observações. Primeiramente, é relevante constatar que, nos países em que o progressismo ainda não chegou à presidência, frentes de esquerda ficaram em segundo ou terceiro lugar nas eleições presidenciais ocorridas logo depois que a onda entrou em declínio (Peru em 2016; Chile em 2017; Colômbia em 2018). A segunda observação é quanto ao contexto da vitória de López Obrador, cujo pano de fundo é a monumental crise mexicana, expressa na precariedade do trabalho que impulsiona a imigração; na violência, entre o narcotráfico e os feminicídios; no drama agrário e na questão indígena; na obesidade e na diabetes como questões de saúde pública, e assim por diante (Dessotti, Santos & Franzoni, 2019).

Sem detalhar essa lista, que poderia ser alongada, é possível sintetizar a singularidade dos desafios mexicanos em uma comparação com o contexto em que Lula foi eleito em 2002. Como no Brasil, constatam-se no México todos os problemas de um país latino-americano que se industrializou, associados à desigualdade e à dependência. Mas, no caso mexicano, é preciso acrescer uma sociedade e uma política com alto nível de penetração do crime organizado (que se gestava no Brasil naquele momento), além de um casamento de papel passado com os Estados Unidos, na forma do Acordo de Livre-Comércio da América do Norte (Nafta), em vigor desde 1994, depois rebatizado como Acordo Estados Unidos-México-Canadá (USMCA). Distante de se restringir à esfera comercial, o Nafta tem efeitos em todas as dimensões da vida mexicana, desde a política agrária até o padrão alimentar (grãos transgênicos estadunidenses subsidiados que invadiram mercados mexicanos), passando pela política de segurança (entre o Plan Mérida e a "guerra às drogas" decretada em 2006), a política industrial e de salários em uma economia maquiladora, a questão migratória, que incide na relação com os vizinhos centro-americanos (pela qual AMLO tem sido particularmente criticado), e assim por diante.

López Obrador assegurara que não questionaria essa relação, e não só o fez como sua equipe participou da renegociação do acordo antes mesmo da posse. Assim, infere-se que a margem de manobra para mudanças no país é estreita. O fato de contar com uma maioria no Congresso, algo que o

PT, no Brasil, jamais teve, não modifica o quadro. O MAS boliviano, o kirchnerismo e o Frente Amplio uruguaio também tiveram maioria parlamentar em seu momento, o que não se traduziu em radicalização política. Aqueles que atribuem o conservadorismo petista ao imperativo de alianças para sustentar a governabilidade — o chamado "presidencialismo de coalizão" — subestimam a profundidade dos constrangimentos à mudança. Na realidade, o modo como os progressismos internalizam esses constrangimentos revela compreensão de sua tarefa: renovar a legitimidade da política que os elegeu, simulando combatê-la.

O que se vislumbra no México neste momento é uma espécie de contradança com o Brasil. Enquanto no país sul-americano a eleição de Bolsonaro sinaliza o fim da Nova República que sucedeu a ditadura (ponto ao qual voltaremos), no México o que se esgotou é o padrão de dominação de um partido de Estado que atravessou o século XX e que, a partir do ano 2000, incluiu um segundo partido conservador, configurando o que os mexicanos descrevem como "Prian" — um amálgama do PRI com o PAN.[22] Em suma, a experiência mexicana indica que o *progressismo tardio* não é uma carta fora do baralho do ponto de vista da gestão da ordem, particularmente nos países onde ele ainda não chegou à presidência. Entretanto, sua margem de manobra como alternativa de gestão da crise tende a ser cada vez mais reduzida.

22 O Partido Revolucionario Institucional (PRI) dominou a política mexicana de 1929 até 2000, quando o Partido Acción Nacional (PAN) venceu as eleições. Estabeleceu-se uma espécie de condomínio de poder, rompido com a vitória de AMLO pelo recém-criado Movimiento Regeneración Nacional (Morena) em 2018.

Brasil, Argentina, Uruguai

Para além das composições eleitorais, a margem para a gestão da crise se estreitou com relação ao começo do século XXI em função da dinâmica cumulativa da própria crise, o que, por sua vez, incide no sentido da história na região, ilustrado de forma cristalina pelo caso brasileiro. Aqui, o ponto de inflexão da paz lulista foram as Jornadas de Junho de 2013, maior ciclo de mobilizações de massa na história do país, movimento multifacetado que gerou interpretações diversas — desde controvérsias na esquerda, entre quadros petistas perplexos com a "ingratidão" dos revoltosos, posteriormente convertidos em precursores dos manifestantes pró-impeachment, à leitura de uma radical "rejeição sobre como somos governados, como governamos e como agora não queremos mais saber disso" (Arantes, 2014, p. 453).

Entretanto, do ponto de vista das classes dominantes, o sentido das jornadas foi outro: elas evidenciaram que estava comprometida a capacidade petista de mediar as tensões sociais — o chamado "modo lulista de regulação do conflito social".[23] Nos anos seguintes, acumularam-se escândalos de corrupção geridos de forma discricionária contra o PT e retratados como espetáculos pela mídia corporativa, que transformou juízes em celebridades e julgamentos em novelas. Esses processos ocorreram em um contexto de desaceleração econômica, que desaguou em recessão a partir de 2015, multiplicando o número de desempregados. A convergência entre junho de 2013, os escândalos de corrupção e a crise econômica provocou um deslizamento da abordagem das classes

23 BRAGA, Ruy & SANTOS, Fabio Luis Barbosa dos. "The Political Economy of Lulism and Its Aftermath", *Latin American Perspectives*, v. 47, n. 1, 2020, p. 169-86.

dominantes em relação à reprodução social, que pode ser sintetizado em duas ideias: a passagem de um "neoliberalismo inclusivo" para a espoliação social, e da conciliação para o enfrentamento com os de baixo.[24] Esse deslizamento se traduz na deriva de uma dinâmica de "contenção inclusiva" para outra de "aceleração excludente", conforme detalharemos adiante. É esse o pano de fundo dos acontecimentos recentes da política brasileira, entre a deposição de Rousseff em 2016, a prisão de Lula e a eleição de Bolsonaro em 2018.

Para além da defenestração do PT e da sorte pessoal de Lula, essa movimentação no andar de cima é sintoma de um processo de maior alcance, que se evidenciou nas eleições presidenciais de 2018. Nelas, a economia não esteve em disputa, pois o vencedor enfrentaria os problemas do neoliberalismo com mais neoliberalismo — seja na versão inclusiva aplicada no passado pelo PT, seja na modalidade fundamentalista proposta por Bolsonaro. Para além dos personagens, o que a classe dominante discute é a cara do arranjo político, jurídico e cultural que substituirá a Nova República, definitivamente condenada. A dispersão de candidatos nesse pleito expressou a busca por um caminho, situação que também se observou na eleição vencida por Fernando Collor de Mello em 1989, quando a Nova República começava; novamente, a burguesia busca um caminho, mas agora para enterrá-la.[25] Entre esses dois momentos, todos os pleitos foram polarizados por PT e PSDB.

24 Evidentemente, houve espoliação sob os governos do PT, assim como a conciliação não exclui o enfrentamento, e vice-versa. O ponto a ser sublinhado é o de mudança na determinação fundamental da forma de gerir as tensões inerentes à reprodução social no Brasil.

25 Em uma chave gramsciana, Sabrina Fernandes (2019, p. 98) caracteriza essa situação e seus "sintomas mórbidos" como um "interregno da crise de autoridade hegemônica".

Registre-se que há um elemento acidental na eleição de Bolsonaro. Posto que os três candidatos que representavam explicitamente o capital (Alckmin, Amoêdo e Meirelles) não somaram 10% dos votos, a ordem se perfilou atrás do ex-capitão. Isso porque o movimento da história, no Brasil como no mundo, se dá na direção de regimes em que se acentua a colusão entre neoliberalismo e autoritarismo. Deste ponto de vista, o país se encontra na vanguarda do continente, uma vez que Bolsonaro e seu ministro da Economia, Paulo Guedes, estão sintonizados com uma tendência mundial da direita, que responde à crise (econômica, política, ecológica) acelerando o movimento rumo à barbárie, enquanto os progressistas (ou a social-democracia europeia, os democratas estadunidenses etc.) almejam freá-la. Entretanto, ninguém questiona o trilho.

Dizemos que está na vanguarda porque, no Brasil, o processo de esterilização do progressismo como alternativa e a desconstrução do arcabouço institucional que lhe deu lastro avançaram rapidamente. Embora ensaiada ainda no segundo mandato de Rousseff, essa inflexão se consumou com a reforma trabalhista e o congelamento dos gastos públicos sociais por vinte anos implementados por Michel Temer (2016-2018), seguidos pela reforma da previdência e pela reforma administrativa propostas por Bolsonaro. Conforma-se uma agenda antipopular que compromete a letra e o espírito da Constituição de 1988, alicerce institucional da Nova República.

Em contraste com o Brasil, a alternância entre macrismo e kirchnerismo na Argentina se deu nos marcos da normalidade burguesa. O kirchnerismo perdeu as eleições em 2015, fez "oposição responsável" durante quatro anos e, em seguida, voltou à Casa Rosada, embora na vice-presidência. Evidentemente, o modo como perdeu (nas urnas) e aceitou a derrota em 2015 facilitou o seu retorno. É discutível até que ponto a vitória de Alberto Fernández à frente de uma coalizão pode ser entendida como um retorno do progressismo, inclusive porque, em todos os desentendimentos que teve quando Cristina Kirchner era presidenta, Fernández defendeu posições mais conservadoras. Porém, do ponto de vista do kirchnerismo, o recuo de Cristina aceitando a candidatura à vice-presidência foi uma jogada de mestre, culminando na maior vitória possível dentro das circunstâncias. A política do mal menor não tem um limite, porque o "menor" também não tem. Na prática, o kirchnerismo segue vivo e ativo enquanto reencarnação do peronismo, no Estado e fora dele.

Na mesma linha, quando o Frente Amplio foi derrotado por estreita margem nas eleições em 2019, no Uruguai, o então presidente Tabaré Vázquez se apressou em esclarecer que seu partido "não trabalhará para que caia este governo [Lacalle Pou]" e que "tem que demonstrar que é uma força política séria e responsável".[26] A esquerda da ordem aguarda, respeitosamente, o momento de voltar. Seus expoentes mais cínicos contam, inclusive, com o previsível desgaste de seus sucessores para triunfar na eleição seguinte.

Argentina e Uruguai, países latino-americanos que mais se aproximaram do ideal de integração social atrelado à cidadania salarial no passado e nos quais o movimento sindical conserva maior relevância no presente, produzem diferentes versões de *progressismo responsável*. Neles, a esquerda partidária se apresenta de modo explícito como uma alternativa da ordem, posição que o PT ambiciona recu-

26 "Vázquez dijo que militará y que no trabajará para que caiga este gobierno", *El País*, 30 dez. 2019.

perar no Brasil. A expectativa do partido é que Bolsonaro se dissipe como um pesadelo e as eleições voltem a ser disputadas dentro da normalidade burguesa, na qual sempre tem um candidato no páreo.

No entanto, essa política tende a perder eficácia nos seus próprios termos, não só porque o jogo da classe dominante mudou, mas também porque as condições materiais e institucionais para a pactuação lulista se degradaram. Ao perder lastro na realidade, o lulismo arrisca transmutar-se em uma aposta salvífica – a esperança de que o líder voltará triunfante antes do juízo final para evitar o apocalipse, *páthos* exaltado nestas palavras do reconhecido líder do Movimento dos Trabalhadores Rurais Sem Terra (MST), João Pedro Stédile: "Lula tem de ser nosso Moisés, convencer o povo a atravessar o Mar Vermelho. Não há outro personagem que possa cumprir esse papel".[27]

Em um tempo de expectativas decrescentes, diferentes nuances de *progressismo messiânico* canalizam a expectativa de mudança rumo ao passado, mobilizando uma população que reza pelo mal menor tanto em sua vida quanto na política e abaixa a cabeça, com resignação, frente à versão latino-americana do fim da história.

27 "Stédile: Lula foi escolhido pelo povo para explicar o que está acontecendo no país", *Brasil 247*, 15 nov. 2019.

6
Rebeliões na pandemia

Paraguai

A constatação de que o progressismo magnetiza a mudança na direção do passado ajuda a explicar um paradoxo: os países sul-americanos onde explodiram motins no primeiro ano e pouco de pandemia são aqueles em que o progressismo é mais débil: Paraguai, Peru, Colômbia e Chile. É como se, aos olhos das populações que não viveram o interlúdio rosa[28] (ou onde esse interlúdio foi abortado, como no caso paraguaio), a ilegitimidade da política vigente fosse mais evidente. Examinaremos a seguir cada um desses casos, procurando, no reverso do progressismo, elementos que iluminem a dinâmica social que se analisa.

Paraguai e Colômbia expressam dois extremos daquilo que Florestan Fernandes descreveu como o poder autocrático burguês (Fernandes, 1974; 2015). Desde os anos 1940, o país mais pobre do Cone Sul é comandado pelo mesmo partido, com exceção do governo de Fernando Lugo (2008-2012), abreviado por um golpe parlamentar similar ao que vitimaria Rousseff alguns anos depois. Caso único no continente, o Partido Colorado dirigiu o Paraguai antes, durante e depois da ditadura de Alfredo Stroessner, que se estendeu do suicídio de Getúlio Vargas à eleição de Collor (1954-1989).

28 A onda progressista também é conhecida como "onda rosa" ou "maré rosa" (*pink tide*, em inglês). Ver Ellner (2019).

No período, configurou-se uma relação simbiótica entre partido e Estado, comparável ao domínio do PRI no México, com uma diferença significativa: enquanto o partido de Estado mexicano tem raízes em uma revolução, a simbiose paraguaia foi soldada com o maçarico da contrarrevolução.

Nesse quadro, não é difícil entender como Lugo caiu, mas, sim, como chegou a ser eleito. O pretexto para a deposição foi uma chacina de camponeses articulada, segundo se conta, pelo mafioso empresário colorado Horacio Cartes. Nas eleições seguintes, Cartes reconduziu os colorados à presidência, de onde o partido não saiu até agora: a normalidade foi restituída. No longo inverno colorado, viveu-se o *progressismo como primavera*, que pouco durou.

Em 2021, a normalidade colorada foi abalada por uma rebelião na qual transbordou um descontentamento social generalizado, aguçado com a gestão local corrupta e incompetente da pandemia. A repressão policial escalou os protestos autoconvocados, que exigiam a renúncia do presidente Mario Abdo Benítez, filho do ex-secretário pessoal de Stroessner. No entanto, os colorados tinham maioria no Congresso, da qual cerca da metade respondia a Cartes. Na prática, o destino do presidente ficou nas mãos do ex-presidente, enquanto o destino do país continua nas mãos da família colorada.

No Paraguai, evidencia-se um agudo divórcio entre o sentimento popular e a política parlamentar, em um país onde a esquerda institucional tem dificuldades em afirmar sua relevância, no Estado ou fora dele. Entretanto, a rebeldia das ruas se descobre refém de um Congresso subordinado a interesses mafiosos, que controlam um Estado dirigido pelo partido que encarna uma versão extrema da autocracia burguesa no continente.

Colômbia

A Colômbia pode ser vista como o outro lado da moeda da autocracia burguesa, porque lá, ao contrário do Paraguai, a alternância partidária tem sido a regra desde o século XIX. Já houve quem enaltecesse a democracia colombiana, em função de o país praticamente ter escapado das ditaduras militares na Guerra Fria (com exceção dos anos sob Gustavo Rojas Pinilla, entre 1953 e 1957). No entanto, a Colômbia vive um padrão extraordinário de violência política desde os anos 1940, tendo produzido o conflito interno mais longo da história contemporânea, protagonizado por guerrilhas ativas desde a década de 1960. Nesse quadro, um estado de exceção permanente foi a outra cara da liberalidade eleitoral. Colômbia e Peru são os dois países sul-americanos nos quais a sobrevivência de guerrilhas nos anos 1990 serviu de pretexto para políticas repressivas que criminalizaram toda a dissidência, o que ajuda a explicar por que neles não houve maré rosa.

Na realidade, no início do século XXI, a Colômbia encarnou o oposto do progressismo. O presidente Álvaro Uribe (2002-2010) surfou na retórica da "guerra ao terror", que se globalizou após o Onze de Setembro, e fez do terrorismo de Estado uma política popular. Ao longo de dois mandatos, envenenou o debate público e deslocou o centro político para a direita. Assim, quando seu sucessor e ex-ministro da Defesa, Juan Manuel Santos (2010-2018), resolveu abrir negociações com as Fuerzas Armadas Revolucionarias de Colombia — Ejército del Pueblo (Farc-EP), mas sem abandonar as armas, houve um cisma na política nacional: de um lado, perfilou-se o partido da guerra liderado por Uribe, que faz da violência um meio de vida econômico, político e cultural; de outro, o partido da paz, que vislumbrava, no fim do conflito, um ambiente mais promissor para os negócios. Com isso, o neoliberalismo sumiu do debate.

No entanto, a diferença entre ambos é real — significa vidas —, de modo que a esquerda apoiou em peso a reeleição de Santos em 2014, revertendo a derrota sofrida no primeiro turno para o candidato uribista. Santos consolidou, então, os acordos de paz. Mas, em uma manobra política desastrada, guiada antes por cálculos mesquinhos do que por desígnios democráticos, promoveu uma consulta popular na qual o "sim" à paz foi derrotado em 2016. Depois que os brasileiros viram a eleição de Bolsonaro em 2018, fica mais fácil entender como uma campanha argumentando que a paz abriria as portas para o "castrochavismo" e para que o chefe das Farc presidisse o país venceu a proposta de encerrar um conflito armado que durava cinco décadas. O uribismo é pioneiro na política do ódio no continente e na criação dos inimigos imaginários que a adornam.

O revés no plebiscito não impediu a implementação dos acordos, assumida, de modo parcial e hesitante, pelo próprio governo Santos. Mas o retorno do uribismo à presidência, em 2018, com a vitória de Iván Duque, significou entregar ao partido da guerra a política da paz. Sem força para "romper" com os acordos, como propunha, Duque intensificou a lógica contrainsurgente para lidar com problemas sociais. Daí, por exemplo, a "reforma rural integral", prevista nos acordos, nunca ter decolado. Ao contrário, em vez da distribuição de terras ou de políticas para substituir cultivos de uso ilícito (como a folha de coca), o governo insiste na fumigação e na militarização do campo, apoiado pelos Estados Unidos, fortalecendo estruturas criminosas cuja atuação agora se estende a territórios antes controlados pelas Farc. Como resultado, lideranças que optaram pela substituição de cultivos foram assassinadas por aqueles que se opõem a essa política. Quatro anos após a assinatura dos acordos, 1.008 líderes do campo e da cidade tinham sido mortos, além de 277 ex-guerrilheiros que deixaram as armas.[29] A Colômbia da "paz" continuou sendo perigosa para militantes, jornalistas e para o dissenso em geral.

A razão contrainsurgente do Estado colombiano ficou patente na extraordinária brutalidade policial contra o motim popular que eclodiu em abril de 2021, detonado por um pacote de reformas proposto pelo governo[30] em plena pandemia. Como diziam os manifestantes em cartazes que circularam pela internet em toda a região, se o povo está nas ruas, é porque o Estado é mais perigoso que o vírus.

De modo paradoxal, essa violência na paz desvelou a franqueza lógica do partido da guerra, de volta ao poder. Ela nos recorda que burguesias que se afirmam por meio da contrarrevolução permanente (Fernandes, 2015) só podem parir Estados contrainsurgentes. Essa violência imanente vem à tona no continente com frequência cada vez maior, seja para conter a dessocialização neoliberal, seja para dar-lhe forma. Na prática, ambas se confundem, pois a via possível dessa contenção envolve intensificar as tensões: configura-se uma lógica de panela de pressão, como se verá adiante.

Nessa realidade, gerir ou reprimir são momentos de uma mesma forma estatal — a contrainsurgência —, assim como circulação e consumo são dois momentos de uma mesma forma social: a mercadoria. Daí o estado de guerra permanente que se instaura: descobre-se que a contrarrevolução permanente que se afirmou no contexto da Guerra Fria

29 CHAGAS, Rodrigo. "Colômbia: quatro anos após Acordo de Paz, mais de mil líderes sociais foram mortos", *Brasil de Fato*, 26 set. 2020.

30 Segundo María Fernanda Valdés, não se tratava de uma reforma tributária regressiva, mas de uma que penalizava setores médios. Ver Roda da Rosa #20, vídeoconferência, 18 ago. 2021.

se desdobra, sob o neoliberalismo, em um estado de contrainsurgência, mesmo que não haja insurgência. O estado de exceção vira a regra. Esse espectro da guerra civil que ronda o mundo atual (Dardot *et al.*, 2021) tem sido a gramática da história colombiana há quase um século.

Elucida-se, assim, a sinceridade lógica do partido da guerra: a guerrilha oferecia o *outro* do terrorismo de Estado — a licença para matar, para quem só funciona matando. Sem essa contraviolência, a repressão estatal fica órfã, suscetível a um vazio existencial, parcialmente preenchido quando a insurreição cidadã assume momentaneamente o papel do inimigo, ao qual a guerrilha não mais serve. Daí o dilema dos que resistem, encarnado pelas Farc de forma extrema: um Estado contrainsurgente pode almejar a pacificação, ou seja, silenciar a violência que o desafia, mas é incompatível com a paz. Diante da ausência da guerrilha, é o momento da insurgência que justifica e confirma o Estado contrainsurgente.

Qual o entendimento possível nesse mundo? Um mundo em que o Estado viola sistematicamente a institucionalidade na qual se escora, a pretexto de defendê-la? Em que o dissenso consentido é aquele inofensivo, enquanto qualquer dissenso eficaz é criminalizado? Nessa realidade, "paz" só pode ser um eufemismo para a guerra permanente, na qual apenas um dos lados está armado.

Qual o lugar do progressismo nesse mundo? O progressismo emerge como clamor por decência num mundo em que há pouca decência a oferecer; é esperança em um mundo desesperado; é também um último recurso para manter a ordem, antes que a desordem se torne incontrolável. O progressismo é a paz possível em meio à guerra.

Daí que na Colômbia, país sul-americano em que a natureza violenta da autocracia burguesa se realiza sem mediações, o progressismo tenha se identificado, literalmente, com a paz. Talvez seja essa a máxima promessa progressista nos tempos atuais: a paz possível em meio à guerra inevitável. Porém, diante de uma dinâmica social que produz violência em escala e intensidade crescentes, a paz progressista se torna uma utopia: o máximo que se pode ambicionar é uma trégua. Na Colômbia, anseia-se pelo *progressismo como trégua*: uma trégua que carrega em si toda a densidade da guerra inexorável.

Peru

Se a Colômbia foi pioneira na política do ódio, foi no Peru que se levou ao paroxismo a relação, sempre tênue e mal-resolvida, entre democracia e ditadura no continente. Alberto Fujimori (1990-2000) ambicionou uma ditadura por meios democráticos. É certo que não foi eleito com esse programa. Na realidade, o presidente que implementou a agenda do ajuste estrutural por meio do chamado "Fujishock" teve como lema de campanha "*Vote no al shock!*", derrotando a arrogância *criolla* do escritor Mario Vargas Llosa, cujo perfil neoliberal teve a virtude da franqueza.

Naquele momento, reinava um clima de desordem no país, entre a desorganização da economia decorrente das ambiguidades apristas sob Alan García (1985-1990) e a intensificação das ações na capital, Lima, do Sendero Luminoso — grupo armado que perverteu a utopia guerrilheira. Em suma, havia um clima propício para o que Naomi Klein descreveu como "capitalismo de desastre" (Klein, 2007 [2008]), cuja versão peruana envolveu uma relação simbiótica entre presidência e Exército, consumada no "autogolpe" de 1992, quando Fujimori dissolveu o Parlamento e interveio no Judiciário.

O drama é que o choque estabilizou a economia, enquanto o terrorismo de Estado liquidou o Sendero: aos olhos de muitos, Fujimori pôs ordem na casa, o que explica, em parte, a popularidade herdada por seus filhos. Seu regime também assentou os fundamentos do extrativismo mineiro que impulsiona o país desde então, em paralelo ao agravamento da corrosão do tecido social, nutrindo a economia delitiva.

Mas Fujimori também estabeleceu um padrão na política ao inaugurar o estelionato eleitoral. Desde o fim do regime militar, nos anos 1970, nenhum presidente elegeu um sucessor no Peru — o que significa que sempre venceu um candidato da oposição. No entanto, nenhum opositor fez jus às mudanças que prometeu. Ao contrário, desde o *No al shock* de Fujimori, que descambou no "Fujishock", a norma tem sido renegar a plataforma eleitoral. Se o ditador implementou o choque que denunciara como candidato, o militar Ollanta Humala, cuja campanha foi apoiada pelo PT, defendeu em seus comícios "*agua sí, oro no!*", mas, como presidente (2011-2016), assumiu que essa era uma posição "extremista, anti-histórica e antinacional".[31] O extrativismo avançou, e Humala deu as costas ao PT.

A continuidade na alternância corroeu a legitimidade da política institucional no Peru, que se aprofundou sob a presidência de Pedro Pablo Kuczynski, o PPK (2016-2018). Nas eleições de 2016, esse economista neoliberal superou Keiko Fujimori por meros 0,24% dos votos, mas, na presidência, foi impotente para sair do espectro da força política que derrotou. Em maioria no Congresso, Keiko abriu a guerra na direita. Para se equilibrar no poder, PPK contrariou um compromisso de campanha e indultou o ex-ditador, que estava

31 "Dicotomía de oro o agua es antinacional y antihistórica, afirma Mandatario", *Andina*, 22 set. 2012.

preso. Com isso, conseguiu parte dos votos da bancada fujimorista e evitou um impeachment.[32] Foi uma vitória de Pirro: poucos meses depois, a divulgação de vídeos comprovando a compra de votos resultou em um novo processo de impeachment, que precipitou a renúncia de PPK em março de 2018.

Um ano depois, o ex-presidente foi detido em investigações envolvendo a Odebrecht, empresa que, nos anos áureos do lulismo, doou à cidade de Lima uma obra inspirada no Cristo Redentor carioca, e que os peruanos agora conhecem como *Cristo de lo Robado*. PPK não foi o primeiro: naquela altura, investigações ligadas à Lava Jato haviam condenado três ex-presidentes peruanos, enquanto Alan García se suicidou para evitar a prisão, sepultando o pouco prestígio que o Apra ainda tinha.[33] No Peru, as investigações de corrupção não se partidarizaram como no Brasil. E o poço da degradação política parecia não ter fundo.

Com a renúncia de PPK, seu vice assumiu o posto, mas a turbulência continuou. Martín Vizcarra (2018-2020) governou para os empresários, ao mesmo tempo que confrontou o fujimorismo, visando restituir alguma legitimidade ao cargo que ocupava. Nesse processo, recorreu a um mecanismo constitucional extremo, que permite ao presidente dissolver o Congresso quando este recusa, por duas vezes, um voto de confiança do Executivo: o Parlamento foi destituído no fim de 2019, e eleições foram convocadas.[34]

32 A bancada fujimorista se dividiu: Kenji Fujimori e seus aliados se abstiveram na votação do impeachment, frustrando a investida de sua irmã Keiko contra o então presidente.

33 Todos os presidentes desde Fujimori foram condenados, exceto Valentín Paniagua (2000-2001), que assumiu o cargo quando o então ditador renunciou por fax do Japão.

34 A bancada fujimorista, que tinha maioria no Congresso, se aliou ao Apra (liderado pelo finado García) para nomear seis dos sete juízes

O Congresso empossado em março de 2020, porém, foi uma continuidade do anterior, e as disputas no teatro parlamentar prosseguiram. Uma gestão desastrada da pandemia, somada a denúncias de corrupção, jogou lenha na fogueira dos variados interesses que desejavam fritar o presidente, o que aconteceu no fim de 2020: Vizcarra foi destituído em um processo de impeachment que muitos interpretaram como um golpe de Estado.[35]

A surpresa no caso peruano é que, à diferença do que aconteceu com Lugo ou Rousseff, a deposição de Vizcarra destampou protestos massivos em todo o país. A repressão policial só fez escalar o descontentamento, e a população ocupou as ruas em plena pandemia. Mais do que apoio a Vizcarra, os manifestantes expressavam raiva diante de uma política decrépita, desconectada das necessidades e dos anseios populares. A reivindicação imediata era pela renúncia do presidente golpista Manuel Merino, consumada cinco dias depois de sua posse. Francisco Sagasti foi então designado como presidente transitório, até a realização de eleições presidenciais em junho de 2021.

Seria razoável supor que o progressismo teria a sua chance. Já nas eleições anteriores, a jovem cusquenha Verónika Mendoza esteve muito perto do segundo turno e pare-

do Tribunal Constitucional — aos quais cabia arbitrar sobre a libertação de Keiko Fujimori, então em prisão preventiva. Vizcarra reagiu à manobra fazendo *cuestión de confianza* ao Congresso — um dispositivo constitucional que faculta ao Executivo pedir apoio para alguma questão. Caso o pedido seja negado, todo o gabinete ministerial deve renunciar e ser refeito, o que já tinha acontecido em 2017. Mas, quando o Congresso recusa por duas vezes uma *cuestión de confianza*, é o presidente que pode dissolver o Parlamento, convocando novas eleições. Foi isso o que aconteceu no Peru no fim de 2019.

35 RUIZ CARO, Ariela. "Golpe de Estado en Perú", *El Cohete a la Luna*, 15 nov. 2020.

cia lógico que as ruas a favoreceriam. No entanto, o protesto eleitoral em 2021 teve outra linguagem.

Mais do que a degradação institucional, o alto número de concorrentes (dezoito), a inexistência de partidos efetivos, a divisão da direita,[36] a pulverização dos votos (18% para o mais votado) e a proliferação de candidaturas regionais sugerem um país em decomposição. Nesse cenário, o novo não teve a cara do progressismo encarnado por Verónika Mendoza (que ficou em sexto lugar), mas irrompeu na figura do professor e sindicalista Pedro Castillo, montado a cavalo e portando um lápis, de quem ninguém falava nem nada esperava.

Mais do que desvelar a ideologia do professor, em que pautas da esquerda estatista se mesclam a uma moral conservadora[37], é preciso constatar que Castillo encarnou as esperanças de um Peru profundo — ou, para ser mais preciso, de um Peru profundamente fraturado, o que se revela, inclusive, no mapa eleitoral: voto conservador em Lima *versus* triunfo de Castillo nas regiões rurais e mais pobres. Se uma rebelião dá voz aos que não têm voz, Castillo deu um rosto aos que não são vistos.

No segundo turno, o professor confronta uma reencarnação da violência, que ordena: Keiko Fujimori conta com apoio massivo dos que têm — ou pressentem ter — algo a perder. Delineou-se uma disputa difusa, mas perceptível por todos. O alinhamento do establishment com Keiko foi

36 Os três candidatos mais votados depois de Castillo (Keiko Fujimori, Rafael López Aliaga e Hernando de Soto) têm um passado associado ao fujimorismo, o que expressa a fragmentação da direita produzida pela disputa fraticida aberta por Keiko em 2016.

37 Castillo foi convidado a se candidatar pelo chefe do partido Perú Libre, Vladimir Cerrón, impossibilitado de concorrer após uma condenação por corrupção.

notável na política (entre os dez mais votados no primeiro turno, apenas Mendoza apoiou Castillo) e na posição (melhor dizendo, na oposição) da imprensa.

No segundo turno, Castillo venceria Keiko por uma margem estreitíssima dos votos, reforçando a sintonia entre sua imagem e os sentires populares. Indiretamente, sua ascensão expôs o *progressismo como desconexão*, explicitado no fosso entre a candidatura de Mendoza e a maioria peruana, o que, por sua vez, pode ser visto como uma mera dimensão de um fenômeno social maior. No Peru estão expostas fraturas que não param de se alargar em todo o continente, produzindo mundos à parte, que reatualizam a fissura colonial. Frequentemente, a política progressista tem uma relação de exterioridade com esses mundos, os quais desconhece ou difama, ou que, mais raramente, descobre, como um antropólogo que desembarca em uma ilha do Pacífico cheia de evangélicos que escutam funk.

Diante desses abismos, o progressismo arrisca ser percebido como parte do mundo dos brancos: uma missão civilizatória pregando um evangelho que os condenados da terra não querem escutar. O fato de Castillo falar a sua língua não implica, forçosamente, uma nova avenida para a mudança (de modo perverso, também Bolsonaro sintonizou sentires populares), mas indica que, no Peru, o tempo do progressismo pode estar passando, sem nunca ter chegado. Por ora, a oportunidade que se apresenta é montar no cavalo selado de Castillo, na expectativa de partilhar das suas rédeas.[38]

38 Um cenário comparável se apresentou quando Fujimori e Humala foram eleitos. Em ambos os casos, a participação da esquerda durou pouco e esses governos guinaram para a direita.

Chile

No Paraguai, na Colômbia e no Peru, as tensões da pandemia jogaram lenha na fogueira da indignação popular, alimentando rebeliões. Já no caso chileno, a pandemia foi impotente para abafar, ainda que momentaneamente, a extraordinária vitalidade da insurgência que eclodiu em outubro de 2019 e se estendeu por meses, desafiando um estado de sítio permanente e todo tipo de repressão estatal.

O que acontece no Chile é do maior interesse para a América Latina e para o mundo, pois o país foi palco de uma experiência pioneira e radical de neoliberalismo. O reordenamento econômico empreendido pela ditadura de Augusto Pinochet (1973-1990) andou de mãos dadas com uma reorganização total das relações sociais em uma direção mercantil, com o objetivo político de esvaziar toda possibilidade de organização coletiva e, em última análise, de resistência. Em certo sentido, esse objetivo foi bem-sucedido: quando o Partido Socialista de Salvador Allende voltou ao poder, em 2000, tinha se tornado um gestor neoliberal, enquanto um sindicalista chileno se queixava de que discutir greve no país no século XXI era como falar de sexo em um convento. As formas da política de esquerda tradicional foram desfiguradas e esvaziadas, resultando em "um modelo neoliberal sem travas democráticas" (Mayol, 2012). Referência de modernidade na região, o país foi emulado internacionalmente como um caso de neoliberalismo que "deu certo", justamente em função de sua estabilidade política. Porém, se os efeitos da agenda neoliberal em estágio avançado são notáveis em todas as esferas da existência, desde o outubro chileno também ganharam visibilidade as reações que isso gera.

O Chile legado pela ditadura admite duas narrativas. Existe a ideologia do sucesso difundida pelo marketing estatal e ressoada internacionalmente, protagonizada pelos índices econômicos. Como toda narrativa, ela é seletiva e ignora, por exemplo, o impacto da crise de 1982, que obrigou a ditadura a rever políticas e estatizar bancos. Também releva que o país segue dependente das exportações de cobre, que as taxas de crescimento são baixas em comparação com outros períodos históricos, que estatísticas sociais são maquiadas e que as desigualdades persistem. Entretanto, analisada em seus próprios termos, a experiência pode ser considerada um sucesso no quadro latino-americano. A principal virtude do neoliberalismo chileno não é o crescimento e muito menos a igualdade, mas a estabilidade. Segundo essa narrativa, a ditadura exagerou na repressão, mas acertou na economia.

Mas a trajetória chilena também pode ser contada pela vida das pessoas: uma sociedade em que o ensino é uma mercadoria, que endivida os jovens; um endividamento que disciplina o trabalho, desprovido de estabilidade e direitos sociais, em um país no qual até servidores públicos "emitem nota" para serem pagos e em que o espectro de uma doença grave assombra as famílias tanto pelo dissabor da própria enfermidade quanto pela possibilidade de levá-las à bancarrota; uma vida de trabalho que desemboca em aposentadorias geridas como produtos financeiros, resultando em uma calamidade social, que se expressa no maior índice de suicídios de idosos do mundo. Nesse ponto de vista, a ditadura produziu uma violenta expropriação das condições de reprodução da vida, que, convertidas em negócio, fundaram uma existência cara, precária, egoísta e insegura (Ruiz & Bocardo, 2015). O sucesso do neoliberalismo chileno é uma mentira desmascarada pelo cotidiano de quem o vive.

A rebelião que eclodiu em outubro de 2019 foi uma reação contra essa sociedade do desamparo. As palavras com que Paulo Arantes descreveu as Jornadas de Junho no Brasil, seis anos antes, também desencadeadas por um aumento na tarifa do transporte público, se aplicam à insurgência chilena: uma "rejeição sobre como somos governados, como governamos e como agora não queremos mais saber disso" (Arantes, 2014, p. 453). Embora seja uma rebelião multifacetada, como outras similares nos tempos atuais, é pertinente destacar dois elementos notáveis. Em primeiro lugar, a horizontalidade das manifestações e das formas de organização política: não houve partido, sindicato ou movimento capaz de controlar ou conduzir os *cabildos ciudadanos*, ou as iniciativas de natureza territorial que proliferaram. Em segundo, diante da desmoralização do Partido Socialista e do caráter incipiente, heterogêneo e ambíguo do Frente Amplio, essa *grande recusa* chilena não tem um passado recente a resgatar. Como decorrência, há mais espaço para a imaginação, a circulação e a experimentação do novo.

A via chilena para devolver a política às instituições envolveu pinçar uma demanda das ruas, para costurar um acordo fora delas. O presidente Sebastián Piñera negociou um "acordo pela paz social e por uma nova Constituição", com o apoio da democracia cristã e dos socialistas (a antiga Concertación, que governou o país de 1990 a 2010), mas também da maioria dos parlamentares do jovem Frente Amplio.[39] Parida na esteira das mobilizações estudantis de 2011, a coalizão foi questionada por aderir ao acordo, que muitos nas ruas interpretaram como uma manobra diversio-

39 Este apoio foi motivo de controvérsia. Vários pequenos partidos e membros importantes deixaram o Frente Amplio nesse momento, com destaque para Jorge Sharp, reeleito *alcalde* de Valparaiso pouco depois. Sharp era da Convergencia Social, que se dividiu: a presidenta da organização não assinou o acordo, mas o jovem deputado Gabriel Boric aderiu individualmente.

nista. Por outro lado, a Constituição em vigor foi elaborada e referendada sob a ditadura nos anos 1980 e representa o alicerce institucional da continuidade que se impôs. Portanto, a demanda por uma nova Constituição também capturava, ao menos em parte, a indignação por trás do brado *No son 30 pesos, son 30 años*, aludindo ao período em que o modelo da ditadura se realizou sem ditadura.

Seja como for, a trilha para devolver a política aos gabinetes estava aberta. Um referendo realizado em outubro de 2020 confirmou a Constituinte, que a direita faz questão de qualificar como "Convenção", insistindo que o corpo eleito deliberará dentro de um perímetro delimitado pela lei que regulamentou o processo, com a pretensão de manter intocados os fundamentos do modelo chileno (segundo a lei, por exemplo, tratados internacionais não poderão ser questionados, o que implica ratificar os acordos de livre-comércio dos quais o país é signatário).[40] Embora o campo popular assegurasse representação aos povos indígenas e paridade de gênero (inédita no mundo), as condições de financiamento e propaganda de campanha, a unidade construída pela direita face a um campo popular fragmentado, além das regras da própria Convenção Constitucional, sugeriam a crônica de uma derrota anunciada.

No entanto, contra todos os prognósticos, o resultado da eleição castigou não só a direita mas também a sua oposição tradicional, identificada com a finada Concertación:

40 O artigo 135 da Lei 21.200 diz: "O texto da Nova Constituição que se submeta a plebiscito deverá respeitar o caráter de República do Estado do Chile, seu regime democrático, as sentenças judiciais firmes e executadas e os tratados internacionais ratificados pelo Chile e que se encontrem vigentes". Elisa Loncón, designada presidenta da Convenção Constitucional em julho de 2021, se posicionou contra esses limites, evocando a soberania do corpo constituinte eleito.

a lista formada pelo Frente Amplio com os comunistas foi a mais votada. Mais significativo, os constituintes eleitos por listas independentes dos partidos, somados aos que representaram algum coletivo, preencheram 64% das 155 cadeiras.[41] Observa-se uma coerência pouco comum entre a revolta das ruas e o resultado de uma eleição concebida para embrulhá-la.[42] Os chilenos podem estar enterrando pelas urnas os partidos que os governaram em democracia — ao menos, os 43% dos chilenos que votaram. Por outro lado, os partidos mais próximos do *estallido social* conquistaram 28 postos, enquanto os comunistas, que não pactuaram com Piñera, ainda elegeram a *alcaldesa* de Santiago.[43] Entretanto, o principal vitorioso nas eleições no plano partidário foi o Frente Amplio.[44] Retrospectivamente, o resultado das urnas pareceu dar razão àqueles que defenderam o acordo pela paz como caminho para a mudança. Contas feitas, a direita não garantiu nem mesmo o terço que lhe daria poder de veto na convenção. O tiro dado pela ordem saiu pela culatra: novos obstáculos à mudança precisarão ser erguidos.[45]

Não é possível saber como se desenrolará o processo constituinte chileno, uma vez que as ruas ainda não voltaram a dormir. Como saber se "a alegria está chegando", como

41 MONTES, Rocío. "Vuelco en Chile: los independientes controlarán el 64% de la convención constitucional", *El País*, 18 maio 2021.

42 Pensemos na eleição de Charles de Gaulle na França após o Maio de 1968.

43 Equivalente a uma subprefeitura central da capital no sistema político chileno.

44 Indício desse prestígio foi Boric ter reunido, em curtíssimo tempo, as assinaturas necessárias para formalizar o partido pelo qual concorrerá à presidência. Entretanto, a impunidade de Piñera e dos agentes da repressão permanece.

45 Por exemplo, a nova Constituição só entrará em vigor se for aprovada em plebiscito.

se cantou no ocaso da ditadura, ou se estão sendo abertas as alamedas por onde passará o homem livre, como desejou Allende em seus últimos minutos de vida? Ou, ainda, se, assim como há cinquenta anos, o Chile levará ao paroxismo a mudança dentro da ordem – mas, em lugar de um mundo novo, se descortinarão novas modalidades de contrarrevolução que reinventam esta ordem?

É incerto se a alameda aberta pelo *estallido social* desembocará em mudança. Mas as amarras que atavam o presente a um passado doloroso decerto se romperam: ao arrancar as grades do passado, a rebelião devolveu aos chilenos um futuro. Resta, agora, saber como arrancar alegrias ao futuro, como se questionava Maiakóvski.

7

Entre rebeliões e Constituições

Os acontecimentos no Chile, na Colômbia e no Peru são produzidos por uma rebeldia que não cabe em urnas progressistas. A possibilidade de mudança, se mudança virá, surje de ruas que não foram pavimentadas pelo progressismo, e não dos países governados com esse viés ou que o almejam, como era o caso há vinte anos. No entanto, a potência rebelde está em busca de novas linguagens políticas para instituir um mundo diferente, o que é um desafio global daqueles que militam pela emancipação (Clover, 2016).

Refletindo sob os escombros da Segunda Guerra Mundial, o filósofo alemão Günther Anders teoriza que a bomba atômica abriu um hiato entre a capacidade de destruição da humanidade e sua possibilidade de processar subjetivamente essa destruição.[46] Um homem tem uma ideia do que significa matar um homem, mas como compreender cem mil vítimas de uma arma nuclear? Ou como elaborar a morte diária de três mil infectados pela covid-19 em um país?

De modo análogo, vivemos no século XXI um descompasso entre a ubiquidade das formas da opressão e uma capacidade limitada de imaginar e propor novas formas sociais. Na realidade, essa dificuldade é um sintoma da opressão do nosso tempo. Contudo, premida entre o descrédito do socialismo

46 ANDERS, Günther. "Theses for the Atomic Age", *The Massachusetts Review*, v. 3, n. 3, 1962, p. 493-505.

do século XX e a colonização da subjetividade pelo mundo da mercadoria, a potência criadora das ruas arrisca se tornar cativa da gramática da ordem, que produz essa rebeldia.

Tal impasse se revelou na própria insurreição chilena. É significativo observar que, confrontado com a insurgência, o caminho do governo chileno para confinar a mudança aos parâmetros da ordem não foi estranho ao repertório progressista, no qual já se viu oferecer Constituições no lugar das ruas – recordemos Evo Morales na Bolívia em 2006. No entanto, Sebastián Piñera encarna o polo oposto ao progressismo na política nacional – a "direita", como se diz no país. Essa constatação sugere que, para além das diferenças, há uma convergência fundamental entre o progressismo e seus opostos, o que é confirmado, no caso chileno, pela parcial adesão frenteamplista ao "acordo pela paz": ambos os polos, o progressismo e seu avesso, encaminharam as tensões sociais pela via constitucional.

É certo que, no Chile, a demanda por uma nova Constituição tem significado político transcendental, assim como no Peru e na Colômbia, onde o neoliberalismo se constitucionalizou nos anos 1990. Não por acaso, a candidatura de Pedro Castillo incorporou a proposta constituinte no Peru, enquanto o processo de paz colombiano sempre teve no horizonte uma nova Constituição. Em cada um desses casos, constatam-se fissuras que comprometem o quadro institucional da dominação contemporânea: o duopólio chileno assentado na Constituição pinochetista; a Constituição fujimorista e a normalização do estelionato eleitoral; e a contrainsurgência como forma de governo encarnada pelo uribismo.

Está claro que a demanda constitucional é justa e legítima nos três casos. Porém, quando recordamos que Venezuela, Bolívia e Equador também reescreveram Constituições em conjunturas efervescentes no começo do século, é inevitável o sabor amargo da reprise. Nesses países, o quadro institucional e político foi reordenado para estabelecer as balizas de um novo padrão de dominação — uma hegemonia progressista, poderíamos dizer, cujos limites, do ponto de vista da mudança, estão evidentes.

O que esta análise sugere é que, na perspectiva da ordem, Chile, Peru e Colômbia vivem, em um momento mais tardio, o desgaste das formas políticas associadas ao neoliberalismo, que, em outros casos, foram reconstituídas pelo progressismo. No início do século XXI, a política também se renovou nesses países, mas o duopólio chileno (eleição de Ricardo Lagos em 2000), o fujimorismo sem Fujimori (desde 2000) e o uribismo (eleição de Álvaro Uribe em 2002) navegaram contra a corrente progressista. Nessas nações que ficaram fora da onda, as rebeliões produzem uma crise de legitimidade comparável à que desembocou no progressismo, e as formas de encaminhamento dessa crise tendem a mimetizá-las: entre eleições e Constituições, é possível que o alcance da mudança se limite a um reordenamento político e institucional.

É certo que as rebeliões expressam muito mais do que isso, mas essa é a máxima mudança possível dentro da ordem que produz essas rebeliões. Ir além é o desafio civilizatório do nosso tempo.

8

O progressismo como regressão

As análises precedentes supõem uma determinada interpretação do progressismo no poder, que agora detalharemos. O ponto de partida da discussão é: como entender a desventura dos progressistas que seguem no poder e o refluxo da onda?

Os reveses do progressismo, assim como a ascensão da extrema direita na América Latina, não podem ser postos na conta dos inimigos de sempre: o governo dos Estados Unidos, as elites entreguistas, a mídia manipuladora, as redes sociais com suas falsificações etc. Essa explicação é cômoda e insatisfatória, não porque tais óbices sejam imaginários, mas justo pelo contrário: eles sempre estiveram presentes e nunca deixaram de agir. Creditar a tais atores a desgraça recente é uma ideologia que mal disfarça uma postura autocongratulatória: como diz Paulo Arantes, gritar "golpe" no caso brasileiro é também uma forma de valorizar o que, na prática, foi uma rendição sem luta.

É preciso entender por que setores sociais que antes apoiaram o progressismo, inclusive entre as classes dominantes nos diferentes países, passaram para outro lado. Isso requer a compreensão da dinâmica que levou, depois da ascensão conjunta, ao esvaziamento relativamente simultâneo do prestígio e da eficácia da política progressista na região. Em nenhum caso, e isto é fundamental, a exaustão deu lugar a processos políticos mais democráticos e populares, mas, sim, ao seu contrário.

A narrativa progressista entende que está em curso uma reação às conquistas sociais avançadas em seus governos, levada a cabo pelos supracitados inimigos de sempre. Na tentativa de inscrever tais reveses em uma narrativa global, evoca-se a noção de "guerra híbrida", tomando como referência um grosseiro panfleto russo pró-Putin e demofóbico (Korybko, 2018).[47] Em termos estritamente lógicos, a principal dificuldade desse argumento é explicar por que se tolerou, então, a eleição dos progressistas em primeiro lugar, já que, em todos os casos, com a possível exceção da Venezuela nos primeiros anos sob Chávez, os governos ficaram aquém das expectativas de mudança que suscitaram. Em outras palavras, por que os inimigos se insurgiram mais quando a inofensividade do progressismo estava comprovada do que quando parecia uma ameaça?

Concretamente, em nenhum país os privilégios de classe e os negócios foram ameaçados; ao contrário, encontraram frentes de renovação: pensemos na expansão da soja em todo o Cone Sul ou na política das "campeãs nacionais" dos governos petistas. Diante da impossibilidade de localizar interesses materiais como alicerce de uma oposição de classe ao progressismo, é comum supervalorizar elementos subjetivos na explicação — por exemplo, a intolerância para com um índio na presidência da Bolívia ou um metalúrgico

47 Ver "Dossiê 17: Venezuela e as guerras híbridas na América Latina", Tricontinental Institute, 3 jun. 2019. Disponível em: https://www.thetricontinental.org/pt-pt/dossie-17-venezuela-e-as-guerras-hibridas-na-america-latina/; ASSIS, Denise. "Fórmula da guerra híbrida deu certo, mas novos ventos sopram sobre América Latina", *Brasil 247*, 9 out. 2019; e MEDEIROS, Jonas. "'Guerras híbridas', um panfleto pró-Putin e demofóbico", *Passa Palavra*, 28 jan. 2020.

na do Brasil. Esses aspectos devem ser levados em conta, mas não podem ser decisivos. Em tais narrativas, que revelam um misto de complacência crítica e conivência política, a derrocada do progressismo e a natureza política do que lhe sucede ficam sem explicação e, por default, são colocadas na conta dos inimigos de sempre.

Distante de uma suposta reação às conquistas sociais do período, nossa análise enfoca a dinâmica subjacente ao progressismo e as contradições que lhe são inerentes. Em outras palavras, explicamos a derrocada do progressismo por ele mesmo: pelo mundo que a onda produziu e por seu movimento. Ou, para sermos mais precisos, pela lógica econômica e social que o progressismo foi impotente em modificar. Em vez de servir como leito para a dinamização de forças sociais rumo à mudança, o progressismo operou como uma barragem de contenção de dejetos que nunca deixaram de se acumular e, em algum momento, transbordaram. Assim, compreende-se por quê, em vez de abrir caminho para um mundo melhor, a onda é sucedida por algo pior.

Argumentamos que, a despeito das intenções e dos desejos subjetivos de seus líderes, as práticas de contenção da dessocialização neoliberal não só não suspendem o colapso e as contradições que daí emanam como também os aceleram. Esse ângulo de análise permite entender por que a degradação do tecido social e a convergência entre neoliberalismo e autoritarismo atravessam a região e não se limitam a governos como Bolsonaro, Duque ou Piñera. Embora por vias distintas, Venezuela, Bolívia, Equador e Nicarágua também caminharam em uma direção antidemocrática, enquanto López Obrador hesita em desarmar os dispositivos repressivos da guerra às drogas que herdou. O movimento dessocializador é universal, e o progressismo o corrobora *malgré soi*, ou seja, a despeito das suas alegadas intenções.

À luz do estreitamento do horizonte de expectativas que decorre desse cenário, compreende-se por quê, na América Latina e no mundo, se abriu, nos últimos anos, espaço para políticos, partidos e movimentos à direita que não mobilizam mais a promessa de mitigar e conter o desmoronamento autofágico da sociedade e, ao contrário, governam em nome (e através) da aceleração desse processo. Ao dar expressão e direcionamento ao ressentimento social que necessariamente advém da crise permanente, essa direita reivindica uma autenticidade perversa, mas real. O mundo da guerra de todos contra todos não é cor-de-rosa, e aqueles que admitem a sua crueldade aparecem como verdadeiros, e até subversivos, em contraste com as promessas sempre descumpridas dos diferentes tons da ordem. Essa direita não remedia a frustração nem faz a gestão da crise; governa por meio delas.

Vista sob esse prisma, a popularidade da direita radical está relacionada ao desencanto com a promessa progressista. Embora a ideia de progresso sempre tenha carregado uma dimensão de mito, a eterna projeção de futuro revelou-se, no século XXI, um engodo — o que não surpreende: afinal, se a dinâmica sacrificial é a última estação do trilho do progresso no mundo, o que a onda progressista poderia oferecer à América Latina, elo frágil e dependente do capitalismo mundial? O que exatamente se poderia "projetar", evocando a retomada de "projetos nacionais"? Se, no passado, a ideologia desenvolvimentista cumpria o papel de sublimar um tipo de construção nacional que não se realizava, a ideologia neodesenvolvimentista tratou de sublimar o fato de que não há mais construção nacional possível, ou, o que dá no mesmo, que ela só é possível como uma construção simulada (Feldmann, 2020).

A hipótese de uma construção simulada decorre de um paradoxo. Ao mesmo tempo que a onda progressista erigia uma perspectiva de futuro, pretendendo acertar contas com fracassos do passado (projetos nacionais, desenvolvimentismo, integração latino-americana etc.), ela engendrou o que podemos denominar de uma contenção provisória da desagregação social no presente, em que o passado, e não o futuro, foi estruturalmente reforçado. Não se trata aqui de negar que, de diferentes formas e intensidades, a perspectiva de recuperação nacional estivesse em pauta. Mas, concretamente, essa retomada foi antes uma aparência que proveu uma retaguarda ideológica aos governos, enquanto a realidade avançava em direção diferente. Paradoxalmente, a popularidade e a legitimidade da onda progressista tiveram como lastro a sua capacidade de conduzir, de forma mais democrática e inclusiva, a razão neoliberal. Humanizar o neoliberalismo é o que pode ser descrito como a sua proeza.

Porque, no fundo, o que esteve em curso no período foi a versão latino-americana do que chamamos anteriormente de "ganhar tempo". Vejamos os contornos do processo. Vinte anos depois da crise da dívida externa que eclodiu nos anos 1980, o dinheiro voltava na forma de dólares em função da alta do preço das commodities, em um contexto de liquidez internacional. A abundância de recursos originava-se, ela própria, de uma bolha global de capital fictício que impulsionava a economia chinesa e se encadeava com a América Latina, mas que não poderia recuperar a modernização produtiva da região, já sem futuro. Não se tratava mais, como pareceu possível no passado de certos países latino-americanos, de recorrer a financiamento externo para aprofundar a industrialização e atualizar a fronteira tecnológica. Ao contrário, a bonança financeira esteve pautada pela reprimarização da economia: daí o conteúdo atávico e regressivo de uma onda que se pretendia futurista.

Portanto, é preciso enfatizar que esse retorno a uma vocação exportadora de bens primários teve um sentido diferente do passado. Em outros tempos, os processos de acumulação primitiva, ou aquilo que Harvey (2010) chamou de acumulação por despossessão,[48] prometiam auxiliar a reprodução ampliada de capital, abrindo a perspectiva da industrialização e da integração da população a uma sociedade salarial. Em uma realidade em que essa reprodução ampliada está bloqueada, impossibilitando um salto recuperador do atraso na América Latina, a acumulação por despossessão tornou-se uma válvula de escape para capitais internos e externos em busca de aplicação lucrativa num quadro de crise global.

Daí ser possível constatar, a despeito de ideologias exaltando o desenvolvimento e o progresso nacional, que a desindustrialização se agravou no país mais industrializado da América Latina — o Brasil — mesmo durante a fase de acelerado crescimento, enquanto no país onde a mudança parecia mais radical — a Venezuela — aprofundou-se a dependência do petróleo. Diante da predação da natureza e da expulsão de comunidades avessas a essa forma de acumulação, houve governos que pautaram os direitos indígenas e o Bem Viver com uma mão, enquanto reintroduziram a despossessão e a destruição de meios de vida com a outra.

48 Usamos esse útil conceito de uma forma que talvez não corresponda ao sentido dado por seu autor. Cremos que a acumulação por despossessão deve ser contraposta conceitualmente à acumulação "normal", por assim dizer, isto é, a reprodução ampliada do capital. Enquanto nesta última o capital se repõe a partir de si, ou seja, a partir do movimento de sua própria lógica interna, na acumulação por despossessão o capital buscará se externalizar, tomar para si recursos e novas fontes de acumulação até então não integrados à dinâmica de valorização do valor.

No conjunto, operou-se uma readequação da "vocação" pretérita do subcontinente como exportador primário, único caminho vislumbrado diante da dinâmica capitalista de curto prazo que se impõe, colonizando e brutalizando o presente. Nesse contexto, cabe interrogar se, em vez de "progresso", o que efetivamente se viu não foi uma regressão, evidenciada pelo aumento do hiato e da dependência em relação aos polos centrais do capitalismo, que acompanhou uma nova rodada de exploração dos aspectos arcaicos das estruturas econômicas da América Latina.

9

A contenção aceleracionista: o caso brasileiro

Diante dessa realidade, não faz sentido falar em uma "construção retomada" (Mercadante, 2010), em oposição ao que Celso Furtado chamou, nos anos 1990, de "construção interrompida" (Furtado, 1992). Uma vez que a modernização latino-americana deixou como rastro um batalhão de "sujeitos monetários sem dinheiro", na expressão cunhada por Robert Kurz — isto é, pessoas supérfluas para os circuitos do capital, mas que só podem reproduzir sua vida por esses mesmos circuitos —, o aumento do fluxo de dinheiro ao alcance desses sujeitos pôde parecer, em um primeiro momento, uma novidade transformadora. Daí que muitos tomassem uma dinâmica efêmera, baseada em uma bolha de capital internacional fictício, por uma aparente suspensão do desmonte social, que engatava em uma retomada da construção nacional.

Entretanto, a integração nacional entendida por Furtado — que implicava se apropriar do progresso técnico de forma planejada, como alicerce de sociedades salariais e de consumo de massa que se espelhavam nos países centrais do pós-guerra — deu lugar a políticas de contenção do colapso social, viabilizadas pela disponibilidade episódica de dinheiro. Ao ser tomado como um círculo virtuoso da onda progressista, um círculo vicioso foi escamoteado. Sancionado pela lógica do capital global, o alívio, possibilitado em um primeiro momento pelo afluxo de dinheiro e por promessas fictícias de valorização, simulou uma integração social via diversificação do consumo, impulsionada por transferências de renda e aumento do crédito.

Porém, em um segundo momento, o outro lado dessa mesma lógica veio à tona: expectativas materiais e espirituais impossíveis de serem satisfeitas em função do caráter centralizador e excludente das formas vigentes de reprodução econômica. Longe de avançarem para a integração da sociedade, essas formas sociais corroboram a desintegração e, como consequência, a difusão ampliada da violência e do medo. O beco sem saída das sociedades latino-americanas se escancarou.

O raciocínio aqui avançado não se limita a delinear a arquitetura do progressismo, constatando que a sua fundação estava condenada previamente, pois dependia de um fluxo de dinheiro que, em algum momento, refluiria. Na realidade, o que potencializou o alcance do desmonte foi o significado concreto do que é "ganhar tempo" ou "comprar tempo" deste lado do mundo. A questão fundamental é que os meios com os quais ainda se pode tentar conter o desabamento são, ao mesmo tempo, aceleradores desse desabamento. Dito de outra forma, a despeito de eventuais boas intenções dos governantes progressistas, a administração do desmonte da cidadania salarial na atualidade implica práticas que aceleram a dinâmica social disruptiva. Em suma, implica uma dinâmica de *contenção aceleracionista*.

Examinemos algumas facetas da questão a partir do concreto exemplo brasileiro. Enquanto presidente, Lula enviou o general Augusto Heleno para comandar a missão de paz da Organização das Nações Unidas (ONU) no Haiti. Essa participação foi concebida nos marcos da intenção de elevar o

Brasil à primeira divisão da política internacional: fazer do país um *global player*. No entanto, o general e sua tropa voltaram pensando em outra direção: como evitar que o Brasil se torne um Haiti.

Não é segredo que os militares brasileiros enxergaram as operações realizadas na porção oeste da Ilha de São Domingos como uma oportunidade de treinamento e experimentação. De volta, muitos se convenceram de que o Exército deveria se engajar em missões similares às da ONU, mas no plano doméstico. Por outro lado, crescia a demanda de operações de "Garantia da Lei e da Ordem" por políticos desejosos de mostrar mão de ferro em todo o país, o que, por sua vez, fortaleceu o poder de barganha dos militares.[49] Barrado como vice de Bolsonaro por seu partido, Heleno se serviu desse repertório para comandar o Gabinete de Segurança Institucional da Presidência da República, órgão responsável pelos serviços de inteligência. Outro veterano do Haiti, o general Fernando Azevedo e Silva, assumiu o ministério da Defesa, pasta criada em 1999 com a intenção de reforçar o controle civil sobre as Forças Armadas e que, até Temer, nunca tinha sido ocupada por um militar. Em 2013, Azevedo e Silva fora nomeado por Dilma para comandar a Autoridade Pública Olímpica.

Entre a ambição a *global player* e os Jogos Olímpicos no Rio de Janeiro, os nexos entre o ideal de um Brasil potência e a gestão armada da vida social vão além da valorização civil dos militares. Seu pano de fundo é a diluição das fronteiras entre a militarização da vida e a assistência social, que se mis-

49 HARIG, Christopher. "Re-Importing the 'Robust Turn' in UN Peacekeeping: Internal Public Security Missions of Brazil's Military International Peacekeeping", *International Peacekeeping*, v. 26, n. 2, 3 dez. 2018, p. 137-64.

turaram como areia e cimento nos anos petistas, na tentativa de manter em pé uma sociedade que desmorona. Segundo a penetrante análise de Paulo Arantes, os militares brasileiros operam em um mundo no qual a guerra se torna um "trabalho social armado", não se tratando de vencer batalhas, mas de pacificar populações (Bacevich, 2010). Nesse quadro, intervenções militares, no Haiti ou no Rio de Janeiro, ganham a roupagem de trabalho social, cujo sucesso depende da percepção dos moradores em relação à legitimidade do Estado, do qual emana a assistência, mas também a punição. O outro lado dessas "operações de contrainsurgência" repaginadas como "política pública de pacificação" é a conversão dos direitos humanos em técnicas de governo e, em última análise, também em políticas públicas (Arantes, 2014, p. 368).

Assim, a governabilidade afiançada pela polícia e pelo Exército no Rio de Janeiro, laboratório da militarização da vida nos anos petistas, teve como braço complementar uma geração de militantes treinados durante décadas na discussão, formulação e implementação de políticas públicas, atuando como representantes do Estado, do partido, de organizações não governamentais (ONGs) ou da comunidade. Nesse processo formativo, que acompanhou a sedimentação de um "modo petista de governar" após a ditadura, uma cidadania insurgente em potencial foi modelada segundo os requisitos de uma cidadania regulada. Modalidades de participação balizadas pela institucionalidade estatal esvaziaram o viés classista do ativismo social: a participação popular se transmutou em participação cidadã, configurando um conjunto de técnicas que desmobilizam mobilizando. Dizer que nos anos petistas os brasileiros nunca foram tão participativos (71 conselhos e 74 conferências só no período lulista) significa reconhecer que nunca foram tão governados (Arantes, 2014, p. 431).

Ao mesmo tempo, a engrenagem da "pacificação contrainsurgente" visa transformar os moradores (a "comunidade") em empreendedores, forjando, no processo, o "simulacro de uma sociedade civil ativa e propositiva", ambição compartilhada por Estado, empresas, terceiro setor e comunidades: a construção nacional simulada corresponde a uma sociedade civil de "faz de conta". Segundo Arantes, esse processo de autoempresariamento sem fim produz uma falsa mercadoria, que atende por diversos nomes: "cidadania", "inclusão", "participação" etc. A novidade é que agora quem mantém aberta a porta de entrada para esse "mercado da cidadania" é a polícia (Arantes, 2014, p. 374).

Coerção e serviço social se deram as mãos no Brasil petista para produzir não a paz mas uma pacificação, que, em um mundo de expectativas decrescentes, projeta a lógica do mal menor para a favela: trata-se de convencer a população de que os benefícios de se submeter à autoridade estatal superam os custos. Ou seja, que a repressão policial é preferível à opressão do tráfico — embora as fronteiras entre opressão estatal e paraestatal se borrem sob o poder miliciano. Em todo caso, o que se evidencia é que o perfil de inclusão petista nunca foi o contrário do punitivismo bolsonarista, mas o pressupôs, o complementou e o reforçou. E vice-versa: no contexto da pandemia, Bolsonaro ampliou o alcance do Bolsa Família, ao mesmo tempo que, constrangido pelo Congresso, anunciou um auxílio emergencial de valor quatro vezes maior, para atingir quatro vezes mais pessoas.[50]

A contradição dessa lógica em que a tentativa de conter o movimento dessocializante não impede a sua aceleração, pois implica fortalecer justamente o que se pretende combater,

50 CASTELANI, Clayton. "Bolsonaro anuncia sanção de auxílio emergencial de R$ 600 para informais", *Agora São Paulo*, 1º abr. 2020.

pode ser constatada em múltiplos planos. No caso brasileiro, ilustrações epidérmicas incluem: o ex-presidente mundial do BankBoston Henrique Meirelles, que renunciou como deputado tucano em 2003 para comandar o Banco Central por oito anos sob Lula, visando "acalmar os mercados", e que depois foi ministro da Fazenda sob Temer; a tentativa do governo Lula de fazer ligação direta com o baixo clero no Congresso, que desatou o escândalo do mensalão em 2005, respondido com mais espaço para o PMDB, visando assegurar a "governabilidade", o que levou o partido a indicar o futuro golpista Michel Temer por duas vezes como vice-presidente na chapa de Rousseff; o apoio de lideranças cristãs conservadoras às administrações petistas, que resultou em recuos na agenda de gênero e direitos LGBTQIA+ (os quais, de todo modo, foram explorados posteriormente em fake news) e na nomeação de ministros evangélicos como Marcelo Crivella, que, em 2016, derrotou no Rio de Janeiro um dos únicos candidatos da esquerda a chegar ao segundo turno nas eleições para prefeito; as empreiteiras às quais foram encomendadas as fundações do neodesenvolvimentismo, mas que não hesitaram em mandar para a cadeia, em delações reais ou imaginárias, aqueles que lhes abriram caminho para ganhar dinheiro como nunca; isso para não falar nos jovens que encararam o precariado como fase transitória de uma ascensão social que passava pelo crédito e a universidade privada, mas que, uma vez atingidos pela crise e pelo desemprego, transformaram a esperança em ódio; ou de movimentos sociais envolvidos por políticas visando neutralizar sua combatividade em vez de implementar suas bandeiras (como as reformas agrária e urbana), corroborando, treze anos depois, um campo popular dividido, debilitado e desprestigiado.

Em resumo, os militares, os bancos, o PMDB, Michel Temer, o cristianismo conservador, as empreiteiras, o empreendedorismo, a passividade foram todos alimentados e cultivados, em seu momento, pelos governos petistas. Nesse quadro, a metáfora mais adequada para ilustrar a relação entre a defenestração do PT e a ascensão de Bolsonaro não é uma guinada de 180 graus, mas uma metástase, na medida em que forças e interesses corrosivos, cujo poder nunca foi desafiado e que pareciam controlados sob o petismo, se espalharam incontestes pelo tecido nacional (Santos, Perruso & Oliveira, 2020).

A trajetória brasileira evidencia a dinâmica de contenção aceleracionista, em que o progressismo petista, a despeito das intenções, descambou no seu oposto. Evidentemente, cada situação nacional tem um enredo próprio e particularidades. Mas entendemos que o caso brasileiro ilustra uma dinâmica comum, iluminando o movimento do progressismo latino-americano e sua debacle: a tentativa de conter a dessocialização autofágica implica práticas e arranjos políticos que alimentam forças e tendências corrosivas, as quais se pretende conter — o que, em última análise, termina por acelerá-las. Não se trata de uma escolha racional de agentes históricos (uma "traição"), mas da imposição irracional, cega e impessoal da lógica da produção do valor ao governo das pessoas, em uma época de crise de valorização do valor.

10

Neoliberalismo inclusivo

Analisada pelo prisma da contenção aceleracionista, a mudança política levada a cabo pelo progressismo também reforçou uma lógica impermeável à mudança. Não se trata de negar a importância da superação do Pacto de Punto Fijo na Venezuela e do protagonismo dos indígenas na Bolívia, por exemplo, ou de alçar um operário à frente de um partido operário à presidência do Brasil, mas de constatar que, em uma realidade em que o capital preside de modo totalizante a vida social, a alternância política pode reforçar a legitimidade desse metabolismo.

Afinal, a autonomia da política sob a égide do capital se limita ao que não contradiz a sua dominação pervasiva como um sistema metabólico. Em outras palavras, estamos falando de uma autonomia formal, balizada pela determinação totalizadora do sistema do capital, que, por sua vez, se impõe como uma força extraparlamentar por excelência. Nas palavras de Mészáros (2011, p. 31):

> Como detém o controle efetivo de todos os aspectos vitais do sociometabolismo, o capital tem condições de definir a esfera de legitimação política separadamente constituída como um assunto estritamente *formal*, excluindo assim, *a priori*, a possibilidade de ser legitimamente contestado em sua esfera *substantiva* de operação reprodutiva socioeconômica.

Ao concentrar os esforços de mudança na via da política tradicional, o progressismo renunciou a contestar o capital em sua "esfera substantiva de operação reprodutiva socioeconômica". Como decorrência, fortaleceram-se as determinações fundamentais do capital enquanto sistema metabólico. A dinâmica da contenção aceleracionista resultou, em última análise, no aprofundamento da razão neoliberal (Dardot & Laval, 2010 [2016]). Se para a contenção da catástrofe social bastassem maior disponibilidade e melhor distribuição social do dinheiro, nada se teria a objetar, assim como tampouco problematizaríamos o caráter paliativo e assistencialista das políticas implementadas. O enquadramento aqui proposto é diferente. Argumentamos que a contenção econômica e social ambicionada pelo progressismo, pretendendo aumentar o controle e a generalização dos fluxos monetários na sociedade, gera, inadvertidamente, o seu contrário, a saber, maior controle e generalização dos imperativos do dinheiro para o conjunto do tecido social. Foi assim que na Bolívia "do Bem Viver" circularam mais mercadorias no campo e na cidade, enquanto o país passou a importar batatas, um alimento milenar andino, o que indica uma corrosão das culturas comunitárias associadas à própria ideia do Bem Viver.

Longe de ser um símbolo de trocas, como quer a teoria econômica ortodoxa, ou uma convenção estatal manipulável, como defendem economistas heterodoxos, o dinheiro no capitalismo é o meio e o fim do único elo possível em uma sociabilidade fragmentada, baseada em decisões privadas e não coordenadas. Essa sociabilidade não tem como base a mera posse de dinheiro ou a sua utilização para satisfazer o consumo. Em última análise, trata-se de uma sociabilidade dominada pelo movimento incessante e cego que deve fazer, de uma dada quantidade de dinheiro, mais dinheiro, isto é, o movimento que deve fazer do dinheiro, capital. A questão posta para a América Latina diz respeito às agruras de sustentar esse movimento, tendo em vista a contradição em processo do capital global e o lugar do subcontinente.

Dado o esgotamento da capacidade de extração de trabalho abstrato decorrente do nível atingido pelas forças produtivas, a dinâmica autorreferente do dinheiro em busca de expansão contínua se choca com as reduzidas possibilidades reais de valorização, engendrando uma verdadeira panela de pressão. A difusão monetária, que antes aparecia como um respiro (via trabalho precário, transferências condicionadas e crédito), desponta, em seguida, como um renovado sufoco, pois exige sacrifícios redobrados para acessar dinheiro, em um mundo incapaz de assegurar a empregabilidade das pessoas. A fatura do tempo comprado é, então, cobrada como uma necessidade desesperada de se marchar com maior rapidez, para não se ficar para trás: daí a "correria" e a "viração" sob a égide da economia de plataforma. Cada indivíduo precisa dar o seu próprio "salto mortal da mercadoria", como dizia Marx, em uma arena cada vez mais estreita. Em outras palavras, é preciso garantir a sobrevivência monetária em um cenário cada vez mais autofágico. A energia social é absorvida por um processo de aguda individualização, em que as técnicas de governo neoliberais se impõem como normatividade soberana de seleção e, principalmente, de exclusão, no funil cada vez mais apertado do mercado de trabalho.

Assim, em vez de descortinar uma esperada ascensão coletiva e nacional, o impulso original induzido pelo afluxo de dinheiro sob modalidades de *neoliberalismo inclusivo* se desdobra na concorrência de todos contra todos, dissolvendo ainda mais qualquer solidariedade de classe, nos marcos de uma profunda dessocialização. Eis, então, o movimento inverso: os processos sociais desencadeados pela onda progressista, a despeito de sua retórica antineoliberal, resultaram no reforço da razão neoliberal, em que as relações entre indivíduos são reduzidas a mecanismos de premiação e punição monetária de pessoas cada vez mais atomizadas.

A falsa solução dos antagonismos sociais durante a efêmera prosperidade amplia a intensidade desses mesmos antagonismos no momento em que a simulação se dissolve. Então, o processo que aparecia como inclusivo e igualitário graças à ampliação relativa do acesso ao dinheiro se depara, em seguida, com a superfluidade dos indivíduos e com a concentração de riqueza. Como resultado do impasse insolúvel da reprodução econômica nas sociedades latino-americanas contemporâneas, a dinâmica autofágica é acelerada: a inclusão possível sob o neoliberalismo agrava a dessocialização, fermentando o caldo de cultura em que prosperam formas de politização odiosa do ressentimento social.

Reflexões finais

A tentativa de contenção insuflada por dinheiro e capital fictício, que se apresenta como uma tentativa de "ganhar tempo", mas impulsiona as economias rumo a um futuro de antemão bloqueado, provoca uma refuncionalização perversa e acelerada, no presente, de práticas predatórias e formas precárias de vida que marcaram a região no passado. Em um quadro de crise estrutural do capital, não foram as veleidades de desenvolvimento nacional que prosperaram, mas, sim, o caráter de puro negócio que deu sentido à colonização. O reencontro com o nacional não se materializa na ansiada realização da nação, mas em uma volta ao ponto de origem predatório e imediatista que marcou a formação colonial, sob a égide da exploração mercantil em forma bruta.

Nessa realidade, contenção aceleracionista, progressismo regressivo e neoliberalismo inclusivo são oxímoros que sintetizam as contradições do progressismo, explicando por que a onda não abriu passo para um mundo melhor. A análise elucida a antinomia entre a aspiração ideológica e o legado objetivo da onda progressista, ainda que se conceda que este possa ser, em boa medida, involuntário. Em vez da retomada de estratégias de desenvolvimento, o motor de otimismo dos "mercados" continuou apoiado na transferência de bens e recursos públicos ao setor privado, bem como na capitalização da renda fundiária e das riquezas naturais, que servem de esteio a uma inserção internacional pautada pelo agronegócio e pelo extrativismo.

Em vez do fortalecimento da solidariedade coletiva, reforçou-se o que Caio Prado Jr. (2000) descreveu como a "ausência de nexos morais", isto é, a coisificação das pessoas e as relações sociais puramente utilitárias e exploratórias. Daí que esse simulacro de modernidade seja acompanhado da expansão do empreendedorismo de si e do imperativo da valorização do "capital humano", grassando a informalidade, a uberização e o trabalho cada vez mais intermitente, reafirmando a necessidade de "se virar" para ganhar a vida. Em suma, a contenção progressista acelerou a corrosão social, uma vez que o sentido mercantil da formação colonial, repaginado sob a razão neoliberal, dissolve como ácido os laços sociais.

Face a essa corrosão, recrudesce uma lógica securitária e repressiva, também reforçada sob o progressismo. A questão de fundo é que a contenção do desabamento não tem como se resumir ao serviço social e às políticas focalizadas de alívio monetário, encontrando seu complemento necessário em dispositivos de segurança que multiplicam o encarceramento e o assassinato dos inintegráveis. Assim, o Brasil petista matou mais do que o México sob a "guerra às drogas", enquanto as taxas de encarceramento no país só eram comparáveis às do Uruguai sob o Frente Amplio. Esse punitivismo alimenta-se da patologia social inerente às formas corrosivas de sociabilidade em vigor. A redução de todas as dimensões da vida a um puro cálculo abstrato e quantitativo, infenso a outros valores, faz da reprodução social uma fábrica de medo, ódio e indiferença, propiciando o caldo de cultura de uma mentalidade punitivista, e mesmo exterminadora.

Nesse quadro corrosivo, prospera outro atavismo latino-americano: aparelhos privados de violência, que se imiscuem nas estruturas estatais e no cotidiano civil. Essa dimensão miliciana da sociabilidade — cujas raízes históricas remetem ao policiamento privado de formas de trabalho compulsório na América Latina, como a escravidão, ao mesmo tempo que reforçava poderosos locais — se reposiciona na atualidade como uma instituição terrorista, em consonância com a dinâmica turbinada da acumulação por despossessão nos marcos de uma razão neoliberal que, levada às últimas consequências, conduz à guerra civil.

Por essa trágica via, o círculo se fecha: a Venezuela bolivariana se encontra com a Colômbia uribista. O continente que tinha como farol a paz lulista se percebe, afinal, desaguando no permanente estado de exceção colombiano. Se durante a onda progressista acreditou-se que o futuro pertencia ao Brasil petista, que exportava tecnologias de governo para o mundo, hoje está claro que o futuro era a parapolítica colombiana, que exporta tecnologias de repressão para o próprio Brasil.

Como na história do dr. Jekyll e de seu duplo, sr. Hyde, cai a ficha de que contemplamos duas faces distintas de um mesmo sujeito. Ou, para sermos mais precisos, deparamos com duas formas diferentes, mas não contraditórias, de manter em pé sociedades que se desmancham. Constata-se ainda um cruel paradoxo, na medida em que o progressismo fora do governo se converte em uma política restauracionista, exortando à volta de um passado idealizado, enquanto a direita se posiciona a favor do movimento da história — a favor do progresso, que só pode conduzir à barbárie.

PARTE 2

Médicos e monstros diante da doença brasileira

Introdução

O médico e o monstro: o estranho caso do dr. Jekyll e sr. Hyde é uma novela do escocês Robert Louis Stevenson publicada originalmente em 1886. A história é protagonizada por um respeitado médico que, encarnando a um só tempo o espírito científico e a moral iluminista da época, faz experiências consigo mesmo visando isolar o seu lado mau, para eventualmente expurgá-lo. É assim que o dr. Jekyll dá origem ao sr. Hyde: uma criatura singularmente pura, pois não tem bondade, concentrando a maldade do médico que o criou.

Em um primeiro momento, quando se transformava em sr. Hyde, o dr. Jekyll tinha controle sobre a criação e facilmente voltava a si: manipulando certas substâncias químicas, sua face civilizada se impunha sobre o lado mau. Entretanto, com o passar do tempo, foram necessárias doses cada vez maiores do remédio para que o monstro retomasse a personalidade do médico, até o momento em que o ardil perdeu efeito. O corpo e a alma do dr. Jekyll não voltaram à forma original: o monstro contido no médico se emancipou. A natureza má, que parecia oculta e domável, se impôs.

Quando evocamos essa analogia para discutir a América Latina e o Brasil, não assumimos nenhum determinismo: há muita vitalidade social que se contrapõe às monstruosidades em curso, no continente e no mundo. Mas, se a barbarização não é inexorável, é preciso compreender que a política progressista não é a sua antítese nem o seu antídoto. Na melhor das hipóteses, o progressismo encarna a crença de que é possível ocultar ou domar os monstros produzidos pela sociabilidade do capital no século XXI. Ao mesmo tempo, é impotente para desafiar o princípio societário que produz essas monstruosidades. E, a despeito das intenções, o reforça.

A trajetória brasileira ilustra essa espiral corrosiva, que atingiu as raias do paroxismo durante a pandemia: a escalada estonteante da pilha de mortos, o declive agudo de uma economia já em crise e a degradação social sem qualquer perspectiva de alívio elevaram o apartheid social de sempre a um novo patamar. Embora não deixe de ecoar o que acontece em outras partes do mundo, o país se configurou como um caso à parte. Na realidade, o Brasil voltou ao centro das discussões mundiais por encarnar justamente, e de forma exemplar, os extremos de uma lógica que é global.

Esse lugar de vanguarda já era notável antes da pandemia, uma vez que a presidência de Bolsonaro foi identificada como uma modalidade extrema da "política do ódio". À primeira vista, o que chama atenção no capítulo brasileiro desse fenômeno é a forma militar, evocando o terrorismo de Estado que emana de um passado sempre presente. A extrema direita repressiva, encarnada pelas Forças Armadas, saiu dos porões da ditadura para ser alçada ao núcleo do governo. No entanto, após dois anos com Bolsonaro no cargo, o esteio de sua gestão estava em Brasília e não nas casernas, embora houvesse muitos militares na Esplanada. Os principais desafios do presidente se apresentavam no âmbito da política ordinária, e seus cálculos se pautavam antes pela reeleição que por tanques nas ruas.

Essa constatação sugere que, além das formas da política do ódio, o fundamento autoritário do governo Bolsonaro remete à aceleração da dessocialização autofágica inerente ao neoliberalismo. Isso, por sua vez, é o que concede universalidade à sua singularidade. No mundo contemporâneo, diferentes matizes de politização do ressentimento social dão forma à violência que emana de uma dinâmica social em que as mediações entre a razão concorrencial (a economia) e a reprodução da vida (a sociedade) se esvaziam diante da erosão do mundo do trabalho e da mercantilização dos direitos sociais. Como na história de Stevenson, uma violência sempre presente, mas recalcada, ganha cada vez mais vitalidade.

Os bolsonarismos mundo afora, porém, não se limitam a intensificar a violência imanente à sociabilidade do capital. O seu sentido mais profundo implica um reordenamento das subjetividades, de modo que diferentes formas dessa violência não sejam sequer percebidas como tal — por exemplo, a violência do mercado ou a omissão governamental. Almeja-se a normalização da violência exercida por outros meios, o que também pode ser descrito como a naturalização da barbárie. Daí o engajamento dos Bolsonaros deste mundo em uma batalha cultural, no plano dos valores. O busílis dessa política não é proibir a atuação de sindicatos, partidos ou manifestações (embora isso possa eventualmente acontecer), mas modificar as condições em que as pessoas consideram imperativo se manifestar e se rebelar. Pode-se dizer que o sentido profundo do bolsonarismo, tanto na forma como no conteúdo, é dilatar os limites do aceitável: gerar um novo normal.

Desse ponto de vista, a pandemia pode ser vista como um acelerador de partículas do bolsonarismo, que encontrou na crise sanitária uma janela de oportunidade para o seu laboratório de maldades sociais. Na vanguarda do "tempo do fim",[51] coroou-se no Brasil um conjunto de discursos, com-

51 A expressão aqui é de Günther Anders (2007), que se referia ao início de um novo tempo histórico a partir de 1945, marcado pela capacidade da humanidade de se autodestruir com o advento da bomba atômica. No século XXI, pode-se afirmar que tal "tempo do

portamentos e práticas até então considerados impensáveis, inconfessáveis e extremos. Viu-se a exceção tornar-se a regra, enquanto o inominável se confundiu com a razão de Estado, que militou para normalizar mortes em massa. Mais do que isso, há evidências de que o morticínio foi amplificado por um plano macabro e consciente, explicitando que, no Brasil, os monstros atuam em plena luz do dia.[52]

Tal processo de descivilização brasileira, deixando para trás a utopia de uma civilização cordial nos trópicos requentada desde o governo Juscelino Kubitschek, é ainda mais surpreendente quando se considera a aparência de normalidade que vigorou nas últimas décadas. No governo Bolsonaro, a sensação prevalente é que houve uma súbita inflexão com relação às práticas institucionais consideradas boas e avançadas que envernizavam a Nova República, bem como com relação aos anseios redemocratizadores que ela canalizou, sobretudo durante os governos do PSDB (1994-2002) e do PT (2003-2016). Com os tucanos, findou o flagelo da alta inflação, ao mesmo tempo que se descortinava a promessa de uma nova inserção nos fluxos de mercadorias e capitais, sob a égide da globalização. Com os petistas, abstraídas as diferenças de ideologia e de forma, perdurou o mesmo processo, então temperado com as veleidades de um projeto nacional de desenvolvimento e, sobretudo, com exitosas políticas sociais inclusivas elogiadas mundo afora.

É compreensível que hoje esse interregno seja tratado por muitos de forma quase laudatória e nostálgica, enquanto diferenças ideológicas antes irredutíveis empalideçam

fim" é agravado pelo potencial crescente de catástrofes ecológicas e sanitárias.

52 BRUM, Eliane. "Bolsonaro executou uma 'estratégia institucional de propagação do coronavírus'", *El País*, 21 jan. 2021.

face às monstruosidades que teriam se libertado naquele domingo de outubro de 2018. Também é notável um misto de vergonha e horror diante da destruição, em curtíssimo prazo, de certo prestígio internacional do país, percebido agora como um pária global. Vista com os olhos de 2021, a democracia brasileira de outrora, a despeito das críticas aos seus limites e às promessas não cumpridas, aparece como antídoto para as monstruosidades que saíram dos esgotos e dos porões. Mas seria mesmo?

As reações à "doença brasileira" — doença em sentido lato e para além do coronavírus — são verdadeiros sintomas, legítimos e inevitáveis. Mas também expressam a digestão ideológica de uma intragável vertigem face ao desabamento nacional. Um desses sintomas é uma razoável desorientação, tendo em vista a velocidade e o caráter qualitativamente inaudito do processo em curso. Não é sem propósito que haja uma sensação sufocante, replicada nos espíritos e nas mentes, que emula a consequência que a covid-19 traz aos corpos. Ao mesmo tempo, a doença brasileira trouxe como efeito colateral uma nova paixão — ainda que uma "paixão triste" — pela medicina, às vezes manifestada pela via do negacionismo. O bordão de que no Brasil todos são técnicos da seleção de futebol serve agora para um país onde todos se julgam médicos.

Essa nova paixão brasileira não teria maiores consequências para a nossa discussão caso não fosse transladada para o campo da política e do pensamento sobre o país. Pois neste segundo terreno existe uma tendência dominante a ver a doença brasileira como uma anomalia — uma aberração extemporânea ou um desvio de curso, como se as forças destrutivas e monstruosas que foram liberadas pudessem ser controladas com a aplicação, mais uma vez, dos remédios adequados. Evidentemente, há variações no tratamento prescrito, seja na qualidade das políticas a serem aplicadas, seja nas dosagens.

E aqui reside a dimensão propriamente ideológica do fenômeno: tudo se passa como se a doença brasileira fosse um corpo estranho – um acidente histórico, algo exterior e oposto ao que antes vinha sendo chamado de "progresso", "normalidade institucional", "desenvolvimento econômico", e assim por diante. Se, no início do século XXI, as aberrações do impasse evolutivo brasileiro foram sintetizadas por Francisco de Oliveira (2015b) na figura do ornitorrinco, hoje a esquisitice desse bicho parece meiga frente às monstruosidades que se afiguram. Paira no ar certa saudade do ornitorrinco.

Mas, e se a doença tiver se tornado crônica e resistente aos remédios de sempre? E se, apesar das melhores intenções profiláticas e terapêuticas, a enfermidade for agravada pelos medicamentos com os quais se pretende contê-la?

O diagnóstico da crise brasileira que avançaremos se pautará por essas questões. Longe de se resumir a um recurso estilístico, a imbricação entre medicina e vida social para discutir a situação nacional encontra apoio, desde os gregos, na própria etimologia da palavra "crise". Segundo o dicionário *Houaiss*, "crise" é originalmente um termo médico que, "na evolução de uma doença, constituía o momento decisivo para a cura ou para a morte". É sintomático que essa ideia só tenha voltado ao centro do debate no Brasil com o trauma sanitário desencadeado em 2020. Desde então, porém, se tornou pervasiva: fala-se em crise sanitária, econômica, social, política, institucional, ética etc. Argumentaremos que essa reaparição repentina mascara um processo que havia muito estava em marcha, mas cujo alcance foi ocultado ou ao menos subestimado em décadas recentes. A partir desse enfoque, propomos uma leitura em que os movimentos da estrutura e os tempos da conjuntura se entrelaçam e se iluminam.

Explicando: o pano de fundo da análise é a crise estrutural do capital que se instaura a partir dos anos 1970, expressa na impossibilidade de retomar uma dinâmica de acumulação ampliada comparável ao período do pós-guerra. Nos países centrais, a tripla crise do capital, do trabalho e do Estado corroeu a integração dos trabalhadores via consumo de massas, amparada por modalidades de Estado de bem-estar social. Na América Latina, inviabilizou-se o nacional-desenvolvimentismo como projeto civilizatório, ao mesmo tempo que se exauriram as condições para uma cidadania salarial modelada pela experiência dos países centrais. A amarga ironia, no caso brasileiro, é que essa utopia se desmancha no momento em que prometia aterrissar, no bojo da Constituição de 1988. Desde então, tanto no centro como na periferia, o sentido do movimento histórico acentua processos de dessocialização autofágica, comprometendo as bases institucionais, culturais e ecológicas do que seria uma civilização, nos termos do próprio capitalismo. Se Marx dizia que o capitalismo é uma "barbárie civilizada", a crise do capital compromete qualquer civilidade regida por esse princípio social: evidencia-se que a outra cara desta civilização é a barbárie concentrada, tal qual o sr. Hyde.

Ao focalizarmos o capítulo brasileiro desta crise global, discutiremos o bolsonarismo e o lulismo como formas políticas opostas, mas referidas a uma mesma dinâmica societária que, de distintas maneiras, os baliza, os condiciona e os envolve. As disputas entre um e outro se dão no plano da conjuntura e serão evocadas em nossa análise para dar conteúdo palpável e imediato aos processos estruturais aos quais aludimos.

Entendemos que o outro lado do modo hiperbólico como se discute a avalanche bolsonarista é uma espécie de atrofia que sublima as raízes mais profundas dessa crise. Consequentemente, as perspectivas apresentadas para curar a doença são enganosas. Como no conto de Stevenson, a premissa do médico de que poderia domar a sua contraparte monstruosa estava apoiada no fato de esta última permanecer sempre à sombra (daí o nome "sr. Hyde", que evoca o verbo *hide* – "esconder" em inglês). A suposição de que o lado monstruoso era marginal e não constitutivo da sua essência, e que poderia ser isolado, manipulado e eventualmente expurgado, foi o que levou ao trágico desenlace da história.

1

Razão por trás da loucura: Bolsonaro na pandemia

O antissistêmico do sistema ou o sistêmico antissistema

À primeira vista, a ideia de que o bolsonarismo seria um ponto fora da curva, uma loucura excêntrica, é reforçada em uma comparação com seus congêneres no contexto da pandemia. Diferente de Viktor Orbán na Hungria ou Recep Erdoğan na Turquia, Bolsonaro não aproveitou a crise sanitária para concentrar poder e restringir liberdades, ainda que essas ameaças pairassem no ar. Tampouco buscou forjar alguma espécie de união nacional contra a covid-19, posicionando-se como líder de uma guerra sanitária, como Boris Johnson no Reino Unido. Ao mesmo tempo, Bolsonaro não se apoia em um aparato partidário consolidado, como era o caso do então presidente estadunidense Donald Trump: ao contrário, o mandatário brasileiro brigou com o partido pelo qual se elegeu e ainda transformou em inimigos antigos aliados de peso, como os governadores do Rio de Janeiro e de São Paulo. Assim, embora se alimente da onda da extrema direita global, a gestão Bolsonaro deixa também antever seu caráter único, o que torna particularmente desafiador interpretar o paradoxo de um governo que se conduz como um antigoverno.

A trajetória de Bolsonaro na pandemia oferece um ângulo privilegiado para discutir essa tendência global, que pode ser enunciada do seguinte modo: a corrosão da legitimidade da política sistêmica, que inclui diferentes tons de esquerda partidária, deságua em formas antissistêmicas da política, que, no entanto, reforçam o sistema. Essas formas políticas pretensamente antissistêmicas, como o bolsonarismo, atuam no inverso do progressismo, no sentido de que aceleram uma dinâmica social que o seu oposto pretende conter.

Certamente, Bolsonaro atua no modo da aceleração. Entretanto, isso leva ao paroxismo as contradições do sistema, revelando um potencial disruptivo que arrisca comprometer a sua própria reprodução: a aceleração sistêmica se torna antissistêmica. Nesse quadro, formas da política convencional que incluem o progressismo podem ser evocadas em defesa do sistema, ou seja, para conter as tendências antissistêmicas decorrentes da aceleração do sistema. Em outras palavras: assim como a contenção implica aceleração, a aceleração demanda contenção, e isso pode ser observado na política brasileira durante o mandato de Bolsonaro.

Recordemos brevemente o arranjo que sustenta esse governo. Eleito sem ter um programa próprio, Bolsonaro terceirizou a gestão da economia para um genuíno *Chicago boy*, o economista Paulo Guedes, que, além de ter se formado na escola de Milton Friedman, trabalhou no Chile pinochetista nos anos 1980. Como recheio, avança uma agenda comportamental, cultural e científica retrógada, que a elite tolera, mas não adora; seu apoio ao ex-capitão se consumou como um casamento de conveniência. Entretanto, o presidente tem ideias próprias, que apontam para uma dinastia, tendo como partido os policiais e os militares, e, como base social, o conservadorismo cristão. Desse ponto de vista, seu maior desafio seria converter o apoio virtual que o elegeu em mobilização real. Transformar internautas em camisas negras — ou verde-amarelas.[53]

Nesse percurso, segue um roteiro invariável: elege inimigos que ataca, fazendo-se de vítima.[54] Acusa pessoas, mas também instituições e imprensa, como obstáculos ao seu projeto, conformando uma lógica de profecia autorrealizável. Pois, quando o presidente acusa o Congresso de boicotá-lo, transfere a responsabilidade por seus malogros para aqueles que, segundo alega, "não o deixam" governar.[55] Ao mesmo tempo, mobiliza o aval popular para enfrentar a instituição que, aos olhos da cidadania, sintetiza a política

53 Em 7 de setembro de 2021, Bolsonaro conseguiu levar às ruas dezenas de milhares de apoiadores, sobretudo em Brasília e São Paulo, onde discursou contra ministros do Supremo Tribunal Federal e disse que não mais cumpriria ordens judiciais. [N.E.]

54 A análise de Kehl (2004) sobre o ressentimento enseja numerosas analogias com o bolsonarismo. A origem do ressentimento remete à impotência para responder a um agravo, no momento em que ele é sofrido. Portanto, em sua origem, há um impulso que foi impedido de se efetivar, o que sugere um recalque. E isso porque a vítima não se sente à altura de responder ao agressor — daí a impotência. Assim, o ressentimento tem a ver antes com uma rendição voluntária do que com uma derrota. O agravo sofrido nesses termos gera um desejo de vingança que nunca se realiza: isso porque o ressentido não quer esquecer ou perdoar, já que a função psíquica do ressentimento é eximir a pessoa de responsabilidade pelo seu fracasso ou pelo agravo que sofreu. Essa responsabilidade é deslocada para um outro, enquanto o ressentido se põe na posição de vítima. E aqui, novamente, nos deparamos com uma impotência, uma vez que toda vitimização atribui a um outro o que nos faz sofrer — atribui ao outro um poder sobre si. Impotência, recalque, rendição, vitimização, deslocamento e vingança: resta adicionar uma relação de dependência infantil com um outro supostamente poderoso, a quem caberia protegê-lo, para replicar, no funcionamento psíquico do ressentido, a gramática do bolsonarismo.

55 LAGO, Miguel. "Uma esfinge na presidência: Bolsonaro precisa do impeachment para fazer sua revolução", *Piauí*, n. 163, abr. 2020.

podre e corrompida. Quando o Congresso o confronta, o presidente vê sua narrativa legitimada e eleva o tom. Quando se cala, avança mais uma casa. Nesse jogo de inversões, Bolsonaro aparece como subversivo e antissistêmico, enquanto a esquerda brande a Constituição em defesa da ordem.

A prática de respostas simples para problemas complexos em Brasília corresponde, nos canais de internet, à narrativa de um herói que enfrenta sucessivos vilões, como em um videogame. Nessa lógica, pouco importam as realizações do governo, porque a régua da efetividade política é outra: inflamar seus apoiadores e naturalizar o que era, até havia pouco, intolerável. Em princípio, trata-se de um movimento que não pode recuar, mas, ao contrário, só acumula massa, velocidade e violência, como uma bola de neve. Foi nesse embalo que o presidente convocou a sua base para reivindicar o fechamento do Congresso Nacional em março de 2020, quando a covid-19 desembarcou no Brasil.

Confrontado com a peste, o presidente, num primeiro momento, reforçou sua pretensão de radicalizar um horizonte de refundação moral e política: uma revolução invertida, à moda do fascismo. Nesse sentido, há notórias semelhanças entre o caráter fratricida do bolsonarismo e a descrição de Franz Neumann (2009) do Estado nazista, a saber, a autodigladiação, o clima de semianarquia e a ameaça permanente entre partido, Exército, empresariado e burocracia, caracterizando aquilo que o autor chamou de *Behemoth*. Mas tal semelhança não anula diferenças cruciais: estamos diante de algo novo, e as analogias com o fascismo histórico podem ser uma pista falsa.

Isso porque o fascismo estava imbuído da construção do que poderíamos chamar de "projeto nacional", calcado na preparação para a guerra e na aniquilação de inimigos internos e externos. Em outras palavras, o caráter destrutivo do fascismo não o isentava da tarefa de governar, dirigindo o Estado nacional segundo desígnios determinados, com objetivos e resultados. A integração fascista e corporativista dos trabalhadores à nação, o fomento de um complexo industrial-militar, a luta para forçar uma posição no mercado mundial e a própria organização para a guerra e o extermínio exigiram uma razão e uma condução do Estado que fossem eficientes para a consecução dos objetivos bárbaros que se almejavam.

O caráter, por assim dizer, "orgânico" do fascismo clássico se assentava em bases materiais e nacionais que, se algum dia existiram no Brasil, hoje são pura quimera. Daí que, se o bolsonarismo reencena o caráter assassino e suicidário do fascismo clássico, jamais poderíamos dizer que reedita a sua dimensão totalitária, o que também se evidencia na relação com o mundo do trabalho. Ao mesmo tempo que atacava os sindicatos, o nazismo exaltava a virilidade do trabalhador alemão. Na composição ideal da nação, a representação política do trabalho organizado não era descartada, mas, antes, reinventada a partir das necessidades de mobilização do corpo nacional (Braga & Santos, no prelo). Sob o bolsonarismo, não há espaço para as formas tradicionais de representação dos trabalhadores, o que ficou claro na primeira medida da equipe de transição formada pelo então candidato eleito Jair Bolsonaro: a supressão do Ministério do Trabalho,[56] criado sob Getúlio Vargas.

No lugar da antiga noção fascista de um corpo social articulado como um todo, temos com o bolsonarismo um tipo de política que não apenas acompanha o processo de atomização e desintegração social, como o fomenta *in extremis*. Nesse sentido, foi sintomático observar, nas manifestações do Dia

56 Em 28 de julho de 2021, foi recriado como Ministério do Trabalho e Previdência Social. [N.E.]

do Trabalhador em 2021, apoiadores de Bolsonaro saírem às ruas pedindo uma intervenção militar, clamando, como palavras de ordem: "Eu autorizo o presidente". Se o culto à personalidade e a devoção ao chefe carismático mimetizam manifestações do antigo fascismo, a forma individualizada e autorreferente com que os bolsonaristas passam uma procuração ao líder — tal como se autorizassem uma ordem de pagamento ou um débito automático — escancara a dissolução dos laços sociais coletivos. Em um outro plano, a "revolução invertida" de Bolsonaro se casa com o processo de seleção e exclusão que caracteriza a lógica neoliberal, levando-a às últimas consequências. Daí que o laissez-faire mercantil também possa ser expresso sem constrangimento como um "deixar morrer" implícito na queixa do ministro Paulo Guedes, de que as pessoas hoje querem viver por muito tempo.[57]

Essas constatações jogam luz na aparente contradição entre os arroubos antissistêmicos do bolsonarismo e o seu compromisso absoluto e intransigente com o sistema capitalista. Tão equivocado quanto aceitar a propaganda que Bolsonaro faz de si mesmo como um político independente e contrário ao "sistema" é acreditar que isso não passa de engodo e demagogia barata para acalentar suas bases. Tampouco se sustenta uma denúncia de viés liberal, sugerindo que essa barulheira tresloucada seria antitética ao bom funcionamento de uma economia de mercado moderna e racional. Ocorre que a contradição "sistema" *versus* "antissistema" não pode ser apreendida pela lógica espetaculosa

57 Para Guedes, "'todo mundo quer viver 100 anos, 120, 130. [...] Não há capacidade de investimento para que o Estado consiga acompanhar' a busca por atendimento médico crescente". Ver NALDIS, Guilherme. "Guedes critica aumento da expectativa de vida: 'Todo mundo quer viver 100 anos'", *iG Economia*, 27 abr. 2021.

da pequena política, ornada de demagogia por sua própria natureza. Tal contradição é objetiva, embora a pequena política não deixe de ser afetada por ela. Do ponto de vista do nosso argumento, o comportamento de Bolsonaro durante a pandemia revela a tensão sistema *versus* antissistema em movimento, constituindo um material conjuntural privilegiado para elucidar essa dinâmica estrutural contraditória.

Uma primeira aproximação do problema consiste em explorar nexos entre as condutas do presidente na pandemia e a dinâmica social e econômica que o seu governo encarna. Em vez de tentar construir qualquer espécie de arca diante do dilúvio que se anunciava, o governo Bolsonaro fez o país mergulhar de cabeça na peste. E de forma deliberada, resultante de um cálculo político. O presidente assumiu que a crise teria duas dimensões: sanitária e econômica. Sua aposta foi que os efeitos da segunda seriam mais sentidos pelo povo. O discurso contra o isolamento horizontal dialogou com potenciais vítimas da fome, não da covid-19. Bolsonaro presumiu, corretamente, que os trabalhadores queriam trabalhar. Líderes cristãos, cujas igrejas se esvaziaram, assim como muitos comerciantes e empresários, também se opuseram a qualquer lockdown.

O outro lado dessa política foi a certeza de que o Estado brasileiro, de origem escravocrata, jamais assistiria os trabalhadores como aconteceu em alguns países na Europa: ao contrário, medidas provisórias efetivamente facilitaram reduções salariais e demissões. O fundamentalismo neoliberal do ministro Guedes foi o ponto de apoio do cálculo político de Bolsonaro. Em outro plano, imunização de rebanho, desinformação, aceleração do caos, indiferença com as mortes estiveram entre as opções conscientes que se impuseram em vez daquelas de um governante que zelasse pela coletividade, o que seria contraditório com a sua "revolução invertida".

É certo que o cálculo bolsonarista é cínico e perverso, tornando-o corresponsável pela morte de milhares de pessoas. Porém, essa razão política apenas repõe, em outra gramática, um desdém pela vida comungado com a lógica do mercado. A despeito do caráter assassino e eugenista implícito na sugestão de que "preservar a economia implica aceitar perdas de vida", esse raciocínio apenas explicita uma verdade sistêmica: afinal, a lógica econômica de nossas sociedades requer a aceleração de um processo cada vez mais hostil à vida, no qual fica claro não haver lugar para todos. Mas, mais do que isso: assistimos a uma verdadeira corrida contra o tempo, em que se busca acelerar o presente de forma alucinada, diante da ausência de um horizonte de futuro. Daí as dificuldades objetivas e subjetivas de interromper as atividades na pandemia, pois nem a economia nem as pessoas sabem funcionar de outro jeito. Nessa realidade, a premissa de que a economia não deveria se opor à sobrevivência e ao bem-estar humano, de tão óbvia, acaba por servir a uma mistificação desorientadora, pois tudo se passa como se o estado de emergência tivesse desembarcado com a covid-19 — quando, na realidade, as determinações dessa dinâmica social apenas recrudesceram diante da peste.

Com Bolsonaro, no contexto da pandemia, os traços dessa fratura ficaram ainda mais evidentes. Ao pisar fundo no acelerador, o presidente se transformou, de forma bizarra e exagerada, mas nem por isso menos realista, numa barulhenta "personificação do capital", uma vez que incorpora e dá vazão concreta, sem qualquer mediação ou contrapeso, à lógica cega, impessoal e abstrata do capitalismo. Quando o presidente afirma diante das mortes em massa: "Não sou coveiro [...]. Todos vão morrer um dia",[58] a sua estupidez indiferente à vida tem correspondência na necessidade fetichista de se fazer de tudo para que a engrenagem capitalista continue operando, mesmo que num movimento cada vez mais sem sentido, ou talvez por isso mesmo.

Visto por esse prisma, seu lema de campanha "Brasil acima de tudo" deveria ser lido como "acumulação de capital acima de tudo", ou seja: uma aceleração contra tudo e contra todos, incluindo a saúde pública, o meio ambiente, os direitos trabalhistas e o que mais estiver pela frente. A outra face da mesma moeda é o dito "bandido bom é bandido morto", cujo episódio prototípico foi a chacina do Jacarezinho no Rio de Janeiro em maio de 2021.[59] Isso porque, diante de uma reprodução social cada vez mais incapaz de integrar as pessoas, a aceleração exige lidar de forma violenta com a legião de excluídos de um mercado de trabalho que se liquefaz, oferecendo aos jovens pobres e negros o cárcere ou a morte. Em suma, Bolsonaro apenas evidencia o caráter assassino e suicida da razão capitalista, que sempre esteve latente.

O presidente brasileiro encarna um poder de morte exercido por meios indiretos, um deixar morrer calculado. Se no feudalismo a coerção econômica era indireta e o castigo com a morte, visível (a forca), no capitalismo a coerção econômica é direta, e a morte, invisível. Em Bolsonaro, a morte econômica, a indiferença social, a perversão política e o obscurantismo ideológico são levados ao paroxismo: mas ele não será julgado em Nuremberg como os nazistas, porque é percebido como uma versão exagerada do normal. Mais do que

58 AMADO, Guilherme. "As cinco piores declarações de Bolsonaro sobre a pandemia", *O Globo*, 28 dez. 2020.

59 Chacina essa apoiada por Bolsonaro. Ver "Bolsonaro parabeniza policiais por massacre do Jacarezinho", *Deutsche Welle*, 10 maio 2021.

matar, ele deixa morrer. Como disse o presidente quando o país ultrapassou a China em óbitos na pandemia: "E daí?". Afinal, aí não há crime.

No entanto, se entendermos a desinformação e a omissão como atentados à vida, então há muitos crimes aí, mas que não são percebidos como tais por uma parte significativa da população. O presidente encarna uma versão extravagante da razão calculista de cada dia, uma variação do normal. Em um mundo presidido pela lógica cega, impessoal e destrutiva do capital, essa política aparece como uma variação das contradições entre capitalismo e vida que permeiam o cotidiano global e assombram o futuro na forma de bombas atômicas, questões ecológicas e pandemias. Bolsonaro é apenas a caricatura dessas contradições porque nele os traços ficam mais evidentes, pois estão mais exagerados.

Em outras palavras, a forma antissistêmica do bolsonarismo é, nos fatos, uma aceleração do sistema. Ao agir de maneira aparentemente antissistêmica, o que se faz, em essência, é levar o sistema ao seu extremo. Mas é então que essa política topa com seus limites, que são também os limites do sistema, pois a dinâmica levada ao extremo tende à inviabilidade e, em última análise, à própria implosão. O desgoverno como método pode ter certa eficácia política enquanto espetáculo, como discutiremos adiante. Porém, na medida em que leva os imperativos do sistema ao paroxismo, a própria reprodução do sistema é posta em risco: o sistêmico torna-se antissistêmico. Essa inversão de sentido, em que o antissistêmico é sistêmico, mas o sistêmico é também antissistêmico, delineia um campo de tensão no qual residem tanto a legitimidade política quanto o limite objetivo dos diferentes matizes de política do ódio no mundo atual.

Para aprofundar o argumento, é pertinente recorrer à leitura de Karl Polanyi (2000) em *A grande transformação*, publicado originalmente em 1944, em que se discute o que o autor descreveu como a "obsoleta mentalidade dos mercados" (Polanyi, s.d. [1947]). Para o intelectual húngaro, a redução de todas as esferas da vida ao mecanismo de mercado, a transformação de todas as atividades humanas em um jogo cego de oferta e demanda, seria objetivamente insustentável. Polanyi argumenta que, ao se deixar a relação do homem com a natureza ao sabor do mero ganho pecuniário; ao transformar o trabalho humano em mera mercadoria, que pode ser descartada e legada ao desemprego; ao fazer com que o dinheiro deixe de ser um meio de troca controlado pela sociedade para se transformar em objeto da mais pura especulação, como em um cassino — nessas condições, é impossível constituir uma sociedade. Terra e natureza, trabalho e dinheiro seriam, para Polanyi, falsas mercadorias, ou mercadorias "fictícias" em sua terminologia, no sentido de que jamais poderiam ser deixadas a flutuar ao sabor anárquico de mercados desregulados.

Daí que, diante do que chamou de "moinho satânico" do movimento sem controle dos mercados, as sociedades não apenas desejam responder, como são obrigadas a isso. Essa resposta é comparada ao movimento de um elástico esticado, que logo precisa ser afrouxado para não estourar. Segundo essa análise, as intenções puramente econômicas de ganho, a precificação total das atividades humanas, não poderiam planar livres e soltas, pois isso perverteria o próprio sentido da vida em comum dos indivíduos. Assim, o "contramovimento", no sentido de reenquadrar o econômico fugidio em diferentes formas de controle social, se torna um imperativo incontornável.

No fundo, o que a análise de Polanyi sugere é que o funcionamento da própria dinâmica de acumulação capitalista exige a construção de uma ordem institucional correspondente, que consiga mitigar as pressões que buscam reduzir o mundo aos desmandos de motivos puramente mercantis. Nesse sentido, Polanyi foi o teórico por excelência da contenção institucional da mercantilização sem peias da vida. O capitalismo simplesmente não pode existir sem que se estabeleçam processos sociais e políticos que o limitem, ou mesmo que se oponham a ele.[60]

Entretanto, se neste ponto a tese de Polanyi foi, em boa medida, corroborada pela própria história do pós-guerra, em que as ideias de planejamento, regulação e controle foram partilhadas de maneiras distintas entre os "Três Mundos", a realidade se modificou radicalmente no século XXI. Pois, diferentemente de outrora, não estão mais em curso processos que possam reenquadrar a esfera econômica sob o controle das sociedades, a partir de suas instituições. Embora prosperem a insatisfação e o mal-estar generalizados, como previa Polanyi, esses sentires não conseguem ser mobilizados politicamente, à esquerda ou à direita, contra os processos que recolocam, em escala ampliada, a associabilidade, a individualização e a mercantilização profunda da sociedade. Na verdade, a terra, a natureza, o trabalho e o dinheiro, os quais, para Polanyi, deveriam ser preservados e coordenados socialmente, têm se transformado cada vez mais em objetos de desregulação, mercantilização e especulação.

Se os mercados não "fazem sociedade", como pensava Polanyi, tampouco tem sido possível na atualidade instituir outras formas de sociabilidade e outras formas de política que não reafirmem o "moinho satânico" mercantil. As tentativas de contenção redundam em seu contrário, reiterando a heteronomia da vida social e a aceleração dos processos que se buscava originalmente conter. Com isso, tudo se passa

60 STREECK, Wolfgang. "Como vai acabar o capitalismo? O epílogo de um sistema em desmantelo crônico", *Piauí*, n. 97, out. 2014.

como se o próprio capital se aproximasse do seu movimento "puro", sem quaisquer oposições que o contenham. Não há mais, como nos tempos de Marx, um mundo exterior à sua dinâmica, que ainda esteja por conquistar e domar. Ao mesmo tempo, porém, e também por isso, se acelera vertiginosamente o ritmo do movimento, como uma vã tentativa de compensar os limites internos da valorização do valor, que afloram.

Nesse contexto, o resgate do pensamento de Polanyi nos põe diante de um paradoxo insolúvel. Se por um lado se tornou irrealista a suposição de que a sociedade sempre produzirá alguma modalidade de coordenação e controle dos efeitos mais corrosivos e antissociais das economias de mercado, por outro permanece inaceitável e suicida permitir que o sistema capitalista funcione a partir de suas pulsões disruptivas, que demolem qualquer instituição mediadora, em uma dinâmica que ameaça a própria ordem do capital. Tal contradição, que se instaura sem qualquer perspectiva de superação positiva no presente, emerge como um "impossível real", uma vez que é impossível tanto "domar o monstro" quanto não o fazer. Esse é o pano de fundo de uma quadratura do círculo mundial, para a qual a doença brasileira e o caso Bolsonaro oferecem um exemplo paradigmático.

A nação como um negócio

As tensões inerentes a uma política antissistêmica que reforça o sistema sugerem que, distante de ser um fenômeno ideológico, o bolsonarismo — falsa encarnação do antissistema — se apoia em realidades objetivas e subjetivas que precisam ser investigadas. Em uma primeira aproximação, constatamos que o viés antissistêmico da resposta do governo Bolsonaro à pandemia se respalda na natureza assassina e suicida da própria razão capitalista. Vista sob o prisma de uma dinâmica econômica global, a excentricidade desse governo na pandemia, que é também um fenômeno internacional, ganha sentido e se relativiza. Essencialmente, o antissistema se revela uma aceleração do sistema.

Nesta seção, enquadraremos o problema pelo ângulo da história brasileira contemporânea, o que, por sua vez, nos remeterá à problemática da formação nacional. Certamente, a expressão mais recente da expectativa republicana sempre acalentada, mas nunca consumada, de constituir uma nação é a Nova República, que tem como esteio a Constituição de 1988. Vista por essa ótica, é possível dizer que a forma antissistêmica do bolsonarismo cativou os sentires populares desiludidos com os governos petistas e com as promessas da Nova República, encarnadas, à sua maneira, pelo partido. Ao mesmo tempo, a recessão econômica iniciada em 2014 pôs em pauta uma agenda antipopular incompatível com o quadro institucional, jurídico e cultural projetado pela Constituição Cidadã. Portanto, para além das vicissitudes do personagem, a candidatura de Bolsonaro em 2018 sintonizou com o ressentimento social dos de baixo e com a ofensiva predatória dos de cima, para abrir picada em uma direção distinta daquela projetada pela Nova República.

No entanto, essa inflexão não deve ser entendida como um cavalo de pau da história, e sim como uma aceleração de tendências que já estavam dadas antes mesmo do final da ditadura. Conforme já indicamos, a utopia de uma cidadania salarial ganhou forma constitucional no país no momento em que as condições para a sua afirmação se exauriam em todo o mundo, minadas pela articulação entre globalização e neoliberalismo, que, por sua vez, expressavam uma reação multidimensional à crise estrutural do capital.

Sobre esse pano de fundo, o colapso da modernização[61] brasileira já estava em marcha ao menos desde os anos 1990, mas essa dissolução era eclipsada por sinais que sugeriam o contrário. Por exemplo, a estabilidade monetária e política, difundindo a sensação de um país, finalmente, "maduro"; ou o fim do fardo secular da dívida pública externa, acompanhado de maior protagonismo internacional do país, em especial durante os governos do PT; também podemos evocar a temporária redução da pobreza, a expansão do consumo e do acesso à educação superior, entre outros aspectos. Visto por esse prisma, o colapso que agora aparece escancarado se afigura como um fenômeno repentino, como se os sintomas na direção contrária fossem antes imperceptíveis ou pouco preocupantes.

Todavia, o que na superfície aparecia como avanço, progresso e modernidade mal dissimulava os impasses profundos que davam o tom na economia, repercutindo na vida social. A nosso ver, um dos motivos de fundo desse *trompe d'oeil* está relacionado à reatualização do vaticínio de Roberto Schwarz do início da década de 1990, quando afirmou que a nossa experiência desenvolvimentista havia se tornado "uma ideia vazia, ou melhor, uma ideia para a qual não havia dinheiro", em função das novas regras do jogo da acumulação mundial (Schwarz, 1999, p. 158). Desde então, somente nos momentos efêmeros em que os ativos brasileiros foram bem avaliados pelos mercados globais e os dólares voltaram a aportar por aqui é

61 A ideia de colapso da modernização foi expressa em Kurz (1993). O autor afirmava que o colapso do "socialismo real", longe de marcar a vitória das forças de mercado, sinalizava uma crise maior e global do sistema produtor de mercadorias. O sintoma dessa crise para países da periferia capitalista como o Brasil seria o fracasso de suas tentativas de "modernização recuperadora do atraso", isto é, de forjar um projeto nacional de desenvolvimento com ajuda do planejamento estatal.

que foi possível simular o retorno, se não de um desenvolvimentismo, ao menos do que se chamou de desenvolvimento em roupagem liberal durante os governos tucanos, e depois de neodesenvolvimentismo sob a égide petista.

Uma vez que a economia brasileira se transformou em uma plataforma de valorização financeira internacional (Paulani, 2008), reafirmando o lugar dependente que cabe ao país em um capitalismo global invertido,[62] os momentos de expansão só se viabilizaram a partir de bolhas de crédito e de capital fictício oriundos dos países centrais. Desde então, o Brasil só cresceu em dois breves períodos: no início do Plano Real e durante o governo Lula. Em ambos os momentos, a economia brasileira foi movida, precisamente, pela liquidez e pelos humores favoráveis dos mercados globais – aos quais se acresce, no segundo caso, a alta das commodities. Inevitavelmente, o otimismo de curto prazo se dissipou rápido quando as simpatias externas arrefeceram e os capitais bateram em retirada.

Diante desse curto prazo arraigado, o desenvolvimento do país havia tempos patinava. Mesmo os períodos de retomada simulada de desenvolvimento nacional se mostravam impotentes para reverter a continuada desindustrialização e a consequente reprimarização da economia, nos marcos do extrativismo. Nesse quadro, também os momentos efê-

62 A expressão "capitalismo invertido", de Lohoff e Trenkle (2014), descreve o processo contemporâneo em que não é mais a perspectiva de valorização produtiva que orienta a direção da finança, mas é a perspectiva de acumulação financeira de curto prazo que, ao inflar artificialmente certos ativos, acaba dando algum fôlego para certos investimentos produtivos. O fato de que tal lógica "invertida" tenha se intensificado sobremaneira após a crise de 2008 revela que ela tende a se tornar, cada vez mais, o próprio modus operandi do capitalismo mundial.

meros de "pleno emprego" mal ocultavam a precarização das relações de trabalho, a alta rotatividade dos empregos e o crescimento da "viração". Acompanhando a tendência global de longo prazo de queda da lucratividade desde os anos 1970,[63] a tônica da economia brasileira tem sido dada pela busca de válvulas de escape, diante de um processo de reprodução ampliada e de acumulação produtiva de capital cronicamente débeis.

Diferente do período de intenso crescimento econômico do país no século XX, em que a dependência externa se combinou à exploração do atraso e à precariedade da vida social para cimentar o processo de industrialização mais veloz do mundo (Oliveira, 2015b), prevalece na atualidade uma dinâmica capitalista dependente e precária, mas que não aponta para nada além dela mesma. Sem qualquer motor econômico dinâmico à vista, a pretensão de estimular o "espírito animal" dos empresários só pode suscitar dispositivos especulativos e de despossessão, que, no Brasil, se perpetuam como vias privilegiadas de acumulação: privatizações, concessões e isenções fiscais ao setor privado, expansão de formas de renda fundiária, fusões e aquisições de empresas, fluxos de renda oriundos do serviço da dívida pública, mas também do endividamento das famílias, breves momentos de valorização acionária – além da corrupção aberta e sistêmica.

Para estabelecer a questão em termos estruturais: há uma rica tradição do pensamento democrático brasileiro que, ao longo do século XX, se debruçou sobre o problema da formação nacional (Sampaio Jr., 1999). A premissa desse enfoque é que a independência foi uma condição necessária,

63 LAUTERT, Vladimir; MALDONADO FILHO, Eduardo & MARQUETTI, Adalmir. "The Profit Rate in Brazil: 1953-2003", *Review of Radical Political Economics*, v. 42, n. 4, 2010.

porém insuficiente, para formar uma nação. Na leitura de Caio Prado Jr. (2000), a essência do problema consiste em inverter o sentido original dado pela colonização, um processo movido por uma lógica predatória e imediatista, pela qual se constituiu uma sociedade orientada por objetivos mercantis, alheios aos anseios da população. Em síntese, o Brasil nasceu como um negócio e, desde então, se reproduz como um negócio. Visto por esse prisma, a formação da nação se confunde com a superação da origem colonial, pondo os frutos do trabalho e as riquezas naturais a serviço dos anseios e necessidades do conjunto da população.

A partir desse enquadramento geral, emergiram leituras e proposições diversas, tendo como horizonte a constituição de uma sociedade relativamente equitativa, uma economia autodeterminada, uma cultura autorreferida e uma política soberana. A própria concepção de um projeto democrático popular nas origens do PT remete a esse ideário, que também informou, ainda que de modo espúrio, a ideologia neodesenvolvimentista dos governos petistas. Quando se enfoca por esse ângulo a história recente do país, a análise sugere que, se a frustração com os governos do PT se identifica, em alguma medida, com uma desilusão com a Nova República, essa desilusão reforçou o desencanto com um projeto de nação que nunca se realiza.

A reflexão elucida um jogo de espelhos de Jair Bolsonaro enquanto político profissional, que prefigura o seu nacionalismo às avessas enquanto presidente. Como se sabe, Bolsonaro se construiu criticando retoricamente as instituições da Nova República, que, paradoxalmente, serviram de esteio à sua própria carreira, como a democracia, o Congresso e a mídia. O ex-capitão se elegeu deputado na aurora da Nova República, incorporando o ressentimento de jovens militares que encararam o fim da ditadura como um rebaixamento das oportunidades de prestígio, poder e dinheiro que a carreira, então, oferecia. Nunca mais saiu de Brasília. Cuspir no prato que comeu virou o seu meio de vida, em uma atuação amplificada pela mídia, que lhe abria as portas, como se acolhem violências e bravatas que dão audiência — o ex-capitão era a fake news em pessoa.

No avesso da destruição retórica do que o construiu enquanto político, a ideologia do governo Bolsonaro reivindica retoricamente um nacionalismo que, na prática, está na antítese da nação: uma ideologia que constrói retoricamente o que o seu governo destrói nos atos. Entretanto, esse falso nacionalismo encontra base objetiva no fato de que o Brasil nunca se realizou enquanto nação; é um falso nacionalismo, que se casa com uma falsa nação. É precisamente em função de a nação, aqui, nunca haver se afirmado, e seus tênues alicerces perderem cada vez mais as bases objetivas, que o desmonte do país pode ser travestido como objetivo nacional, ou que a devastação da Amazônia pode ser apresentada como defesa da soberania, entre outros disparates.

Um sintoma desse quiproquó ideológico é o papel dos militares como espinha dorsal da burocracia estatal do governo Bolsonaro, com a pretensão de oferecer um verniz de ordem nacional em meio à desordem que ajudam a criar. Como salienta Domingos Neto (2021, p. 18), esses "narcisos fardados" acolheram a sugestão estrangeira de "transformar os exércitos nacionais em polícias que lhes compravam armas e ideias" — o que, aliás, é quase um desdobramento lógico para quem nunca embarcou em uma guerra nesse território que não fosse contra seu próprio povo. Daí que, na contramão dos verdadeiros *players* militares do mundo, que investem cada vez menos em pessoal e cada vez mais em tecnologia bélica, a tendência no Brasil é aumentar as tropas, os oficiais e seus soldos.

Na realidade, esse reposicionamento dos militares está em sintonia com o esvaziamento da própria ideia de nação. No passado, as Forças Armadas associaram seu poder à industrialização do país, que se consolidou entre duas ditaduras (1937-1946 e 1964-1985), ambas evocando um projeto nacional. No século XXI, confrontada com a regressão industrial e a degradação social do país, a caserna desistiu de um "Brasil potência" — ideologia que encontrou seu último avatar no neodesenvolvimentismo petista. Assumiu seu papel como gestor armado da vida social, apostando em uma relação privilegiada com os Estados Unidos, posição encarnada pelo ex-chanceler Ernesto Araújo, que escreveu: "Somente um Deus poderia ainda salvar o Ocidente, um Deus operando pela nação — inclusive, e talvez principalmente, a nação americana". E concluiu: "Trump pode ainda salvar o Ocidente".[64]

Em resumo, há uma correspondência entre a inflexão na maneira como os militares entendem o seu próprio papel e a reafirmação da lógica predatória dos negócios, que remete ao passado colonial. Diante da impossibilidade de formar uma nação, o que resta do ponto de vista burguês é a espoliação, que, por definição, só pode ser imediata, na dupla acepção do termo: não há mediações coibindo a sanha da valorização, como também não há horizonte de futuro. Essa realidade objetiva dá lastro à política do governo Bolsonaro, que, novamente, não inaugurou esse movimento, mas o intensificou e o iluminou. A predação, que outrora se pretendeu domar ou instrumentalizar em prol de um projeto de país, é agora elevada à razão de Estado.

O imperativo da acumulação de capital no Brasil tem cada vez mais como corolário o aprofundamento da lógica

64 ARAÚJO, Ernesto. "Trump e a história", *Cadernos de Política Exterior*, v. 3, n. 6, dez. 2017, p. 356.

nua e crua do negócio. A cobertura retórica dos governos anteriores, quando se supunha estar em marcha algo construtivo para o país, é dispensada. A propensão a assumir sem ambiguidades o que o capitalismo se tornou por estas bandas ficou patente na reunião ministerial ocorrida em abril de 2020 e, posteriormente, divulgada em vídeo, quando o ministro do Meio Ambiente, Ricardo Salles, defendeu "passar a boiada", isto é, incentivar a grilagem e a destruição ambiental, enquanto o ministro da Economia esbravejava que "temos que vender essa merda",[65] referindo-se ao Banco do Brasil.[66]

Bolsonaro se afigura literalmente como um bandeirante do século XXI: é o capitão-do-mato abrindo a facão os caminhos por onde passará o progresso dos paulistas. Mas essa política não se reduz a desbravar fronteiras mercantis, entronizando a espoliação como política de Estado. O que esse bandeirante do século XXI faz, ainda que de modo imprevisível porque largamente intuitivo, é expandir o horizonte aspiracional da sua base. O presidente vai queimando a fina camada de sociedade civil brasileira, ao mesmo tempo que aprofunda a dinâmica autofágica dos negócios. Em outras palavras, a violência na economia corresponde a uma brutalização da

65 As trajetórias pessoais desses ministros são sintomáticas da extensão da cumplicidade da classe dominante com o governo Bolsonaro. Salles ingressou na política como secretário particular do ex-governador de São Paulo Geraldo Alckmin, do PSDB, a quem depois serviu como secretário do Meio Ambiente (2016-2017). Em seguida, candidatou-se a deputado federal pelo Partido Novo, mas não foi eleito. Guedes, por sua vez, só se tornou o "Posto Ipiranga" do então candidato Bolsonaro quando Luciano Huck desistiu de concorrer à presidência.

66 "Ouça e leia na íntegra a reunião ministerial de Bolsonaro liberada pelo STF", *Brasil de Fato*, 22 maio 2020.

cultura: essa economia de terra arrasada é o solo fértil em que o bolsonarismo cultiva as sementes do novo normal.

Certamente, a forma lapidar dessa fusão entre violência econômica e brutalização social é o poder miliciano, que também saiu das sombras para bronzear-se ao sol de Brasília. No Brasil, como em outras partes da América Latina, configuram-se imbricadas relações entre Estado, economia criminal e poder corporativo, que tendem à simbiose. Porém, para a elite que forjou uma relação instrumental com Bolsonaro afiançada pelo ministro Paulo Guedes, essa realidade soturna não comove: também ela acredita que os monstros, eventualmente, voltarão para as trevas. Seu elo fundamental com o governo é dado pelo compromisso com a austeridade fiscal, com as privatizações e com as reformas infinitas.

Novamente, esse consenso burguês já estava estabelecido antes do governo Bolsonaro. A novidade é que, em consonância com o que acontece no plano da produção, a austeridade também se mostra, cada vez mais, um fim em si. Na implementação do Plano Real ou durante o primeiro governo Lula, havia a expectativa de que o compromisso com a austeridade e com reformas pró-mercado seria recompensado com entradas massivas de capital externo, impulsionando curtos períodos de crescimento com expansão interna de gastos e do crédito, além de algum investimento produtivo. Na atualidade, nada disso está posto. Sob Bolsonaro, o trinômio austeridade, reformas e privatizações, somado à redução interna dos juros (possibilitada pela queda da inflação em meio a um desemprego nas alturas e juros internacionais baixíssimos), quando muito, viabilizou ganhos de capital nas bolsas de valores, sem qualquer relação com uma economia real prostrada (Lavinas, Araújo & Gentil, 2020). Esse rebaixamento radical de perspectivas, que só pode ser abrandado por uma eventual alta das commodities, torna o horizonte capitalista ainda mais especulativo e de curto prazo, o que, por sua vez, reforça o compromisso das partes com o referido trinômio, na expectativa de produzir espasmos de valorização das bolsas ou da moeda nacional.

Mas essa degradação em espiral das condições da acumulação corre o risco de se tornar disfuncional: ao incitar as compulsões mais deletérias do capitalismo contemporâneo, a aceleração bolsonarista deteriora em tal grau o quadro institucional vigente que provoca reações do próprio andar de cima da sociedade, ao qual pretende servir. Assim, o convite à espoliação ambiental esbarra em resistências internacionais, ameaçando melar o acordo negociado com a União Europeia; a tragédia sanitária, conscientemente ampliada, acaba aprofundando a retração econômica e a fuga de capitais estrangeiros; e, por último mas não menos importante, a inquietação social prejudica um "ambiente de negócios saudável", como insinuou um manifesto de banqueiros e empresários em março de 2021, criticando a ação do governo na pandemia.[67] Isso sem contar os efeitos colaterais de ímpetos esporádicos do presidente, como em demonstrações de sinofobia, quando o país se mostra cada vez mais dependente de laços com a China, ou na troca da presidência da Petrobras para agradar aos caminhoneiros, respondida com queda violenta das bolsas. Esse mal-estar é perceptível na mídia corporativa, que critica duramente o governo do ex-capitão, mas de um ângulo que faz ecoar, ponto por ponto, as críticas desses setores do mercado.

Em suma, ao libertar o monstro da acumulação nua e crua, o governo Bolsonaro põe em marcha tendências poten-

67 "Na íntegra: o que diz a dura carta de banqueiros e economistas com críticas a Bolsonaro e propostas para pandemia", *BBC News*, 22 mar. 2021.

cialmente antissistêmicas, que, por sua vez, geram oposições dentro do próprio sistema. Afinal, para que a própria lógica dos negócios prospere, é preciso saber a hora de pisar no breque. Vale aqui recordar a máxima de Joseph Schumpeter (1979, p. 119), elaborada em outro contexto, de que os automóveis "andam mais depressa justamente porque têm freios".

"Nós temos é que desconstruir muita coisa..."

Mas como exigir freios de quem, poucos meses após ser eleito, afirmou: "O Brasil não é um terreno aberto onde nós pretendemos construir coisas para o nosso povo. Nós temos é que desconstruir muita coisa. Desfazer muita coisa. Para depois nós começarmos a fazer. Que eu sirva para que, pelo menos, eu possa ser um ponto de inflexão, já estou muito feliz"?[68]

O ponto de inflexão autodeclarado pelo ex-capitão é, por si mesmo, um programa completo. Ao assumir a tarefa de desconstruir o país, Bolsonaro revela algo novo, que não pode ser apreendido pelas categorias tradicionais de autoritarismo ou conservadorismo, ainda que tais elementos estejam presentes. Afinal, um presidente eleito pelo voto popular não chegou ao poder de modo meramente autoritário, assim como quem desconstrói não pode simplesmente conservar as estruturas vigentes. De modo correlato, as referências atávicas que povoam a retórica bolsonarista — família, ordem, religião, ditadura militar — não servem a uma volta ao passado, mas instrumentalizam algo novo. O quê, exatamente?

68 "Nós temos é que desconstruir muita coisa, diz Bolsonaro durante jantar", *Valor Econômico*, 18 mar. 2019.

Diferente dos políticos tradicionais à direita e à esquerda identificados com o "sistema", a efetividade da política bolsonarista está ligada ao fato de que ela rema a favor da maré, propulsionada por uma dinâmica já posta em movimento. A desconstrução pregada de forma histriônica é legitimada por um processo de desagregação social real, ou seja, pelo fato de a "sociedade" brasileira ser cada vez menos digna de tal nome. Ao assumir essa negatividade social sem floreios, o bolsonarismo dá expressão e forma a um ressentimento inevitável, diante da dessocialização em curso. Nesse quadro, seu caráter singular e "subversivo" emerge como um desdobramento natural: em vez de promessas na direção de amenizar os antagonismos crescentes, ou de suturar os elos sociais dissolvidos, mesmo que no plano discursivo, essa política propõe governar por meio da demolição e da desconstrução dos laços sociais e das instituições, em um processo alimentado pela própria dinâmica econômica vigente.

Daí a aura de autenticidade do presidente, que emana da forma pouco convencional como faz política, mas também do conteúdo dela. O ex-capitão maneja a linguagem da brutalidade, que um povo brutalizado conhece e entende. Assim como Lula, Bolsonaro se comunica com o povo, embora de um modo perverso. A linguagem brutal transmite uma mensagem violenta, mas real: em vez das falsas promessas dos políticos de sempre, que pretendem conter a crise, Bolsonaro reconhece a crise. O militar admite a autofagia (a luta de todos contra os todos) e promete armar seus eleitores para que se defendam atacando — como ele próprio faz.[69] Sua autentici-

69 O caráter neoliberal dessa visão de mundo se explicita na campanha do governo para que cada indivíduo tenha uma arma, segundo uma lógica individualizada, em que o direito de ter um revólver ou um fuzil se aproxima de um direito do consumidor.

dade é o reverso do "Lulinha paz e amor", em um momento em que as lentes cor-de-rosa com que o lulismo retratava a realidade desbotaram.

A força do bolsonarismo reside em uma positivação da dinâmica social que produz e reproduz indiferença, medo e ódio, manipulados politicamente a seu favor: a indiferença, em uma sociabilidade que menospreza os valores e direitos humanos e as qualidades sensíveis e concretas que não sirvam ao dinheiro; o medo, diante da precariedade, da violência e da incerteza, no presente e no futuro; e o ódio, destilado aos outros e a si mesmo, posto que o culto à concorrência transforma o outro em inimigo potencial, ao mesmo tempo que se individualizam a responsabilidade e a culpa pelos infortúnios de cada um.

Tal como no "salto mortal da mercadoria" descrito por Marx, ou seja, o imperativo de transformar as mercadorias em dinheiro, o que vem à tona com a redução das próprias pessoas a mercadorias (ou a "capital humano") é uma lógica que se aproxima de uma guerra civil *sem fim*, no duplo sentido do termo: porque é permanente, mas também por não ter objetivo; é uma guerra permanente, justamente porque sem objetivo a conquistar. Essa guerra se alimenta da insegurança da vida, da luta de todos contra todos no mercado de trabalho e do esgarçamento dos laços solidários e coletivos que o bolsonarismo naturaliza. Em vez de transformar essa realidade, as porradas da vida devem ser assumidas como tal, sem atenuantes: "Temos que deixar de ser um país de maricas",[70] nos termos do presidente. O bolsonarismo se afirma como uma forma política da violência sem fim, em

70 AMADO, Guilherme. "As cinco piores declarações de Bolsonaro sobre a pandemia", *O Globo*, 28 dez. 2020.

um mundo no qual a violência da valorização que não tem fim é elevada a um novo patamar.

Elucida-se, desse modo, a diferença fundamental entre o governo Bolsonaro e as gestões petistas que o antecederam. Críticos do progressismo sul-americano alegam que, ao renunciarem enfrentar as raízes estruturais da desigualdade e da dependência, o governo petista e seus congêneres se resignaram a uma gestão da crise (Santos, 2018). O governo Bolsonaro, de sua parte, não se propõe a fazer gestão alguma, pois ele governa por meio da crise.

Em vez de conter a dessocialização autofágica, o presidente a acelera, gerando crises — algumas verdadeiras, outras postiças — por meio das quais navega. Daí o sentido de sua política, cristalino na reunião registrada em vídeo em abril de 2020, mas também na resposta à pandemia: é uma luta contra qualquer coisa que se oponha a ele. É uma política também fetichizada, no sentido de que se realiza em si mesma: não há projeto, não há futuro. Para o bolsonarismo, a luta é um fim em si.[71]

A politização da agressividade social operada por essa estratégia tem uma base objetiva e uma funcionalidade. É pertinente evocar a leitura de Max Horkheimer (1982) a respeito da demagogia de extrema direita do entreguerras. Segundo o intelectual alemão, a demagogia não é apenas uma forma de jogar a raiva das massas contra quem ameaça o poder estabelecido — ainda mais na atualidade, quando não existe a perspectiva de qualquer revolução. Essa politização da agressividade se dá como uma forma odiosa, porém eficaz, de equalização social.

71 Daí a declaração do então ministro da Educação, Abraham Weintraub, na mencionada reunião de abril de 2020, dizendo que veio ao governo "para lutar".

Ao direcionarem a frustração social contra quem é percebido como estranho, como fora da regra, ou ainda contra aqueles relativamente imunes às compulsões sociais em curso, os demagogos disseminam a sensação de que ninguém escapará à destrutividade geral. Aqueles percebidos como diferentes ou relativamente protegidos da degradação da existência que se impõe como regra devem ser execrados ou normalizados, no sentido de se submeterem igualmente à degradação geral. No Brasil de hoje, essa condição pode ser projetada em desempregados dependentes de políticas de transferência de renda, em um servidor público que goza de estabilidade no emprego, ou ainda em um beneficiário de política de cota. O que se tem em vista é um nivelamento oposto à igualdade substantiva, por se tratar de uma equalização da infelicidade e do desprezo socialmente produzidos, gratificando de forma perversa os indivíduos justamente por mostrar-lhes que não há alternativa de vida melhor, diferente da sua própria mediocridade cotidiana — o que, por sua vez, reforça que tudo se mantenha como está. Mais uma vez, nota-se como o pendor antissistêmico do bolsonarismo é funcional ao sistema.

There is no alternative [Não há alternativa]: a máxima neoliberal consagrada por Margaret Thatcher é reatualizada. Diferentemente do período em que o neoliberalismo aportou no Brasil, quando a utopia da globalização autorizava o presidente Fernando Henrique Cardoso a prometer "um novo Renascimento",[72] a autofagia social não é mais sublimada, mas assumida sem ambiguidades. Daí a aura de autenticidade de Bolsonaro, que leva o medo, o ódio e a indiferença a sério, não para enfrentá-los, mas para governar

72 "FHC vê novo Renascimento e evita falar em desemprego", *Folha de S. Paulo*, 18 dez. 1997.

por meio deles. Ao dar forma pública a desejos e sentimentos antes recalcados, o bolsonarismo corrobora a normalização da autofagia.

A outra face dessa normalização é a erosão de antigas referências norteadoras da vida, como razão, nação, sociedade, trabalho, cidadania e progresso. Entre outras consequências, dilata-se o campo para desconstruir a própria ideia de verdade,[73] reforçada pelo fato de que tais referências nunca se universalizaram no Brasil. Em outras palavras, a cidadania sempre foi de mentira, ou, na melhor das hipóteses, uma meia verdade.[74] Esse descolamento entre a representação da realidade na política e na mídia *versus* a dura verdade do cotidiano das maiorias é um dos elementos em que se apoiam o recurso às fake news e a distorção descarada dos acontecimentos, típicos do bolsonarismo.

A efetividade do discurso de Bolsonaro diante da pandemia está referida a essa mesma conjunção entre pseudocidadania e descrédito das instituições. De um lado, o presidente se apoiou no que se pode descrever como uma relação haitiana do povo com o Estado. Assim como ocorreu depois do terremoto na ilha caribenha em 2010,[75] muitos aqui já

73 Arantes (2021) mostra a gênese do que chama de "ideologia francesa", inventariando o conceito de desconstrução que surge na filosofia e nas ciências humanas ocidentais como forma de se negar a anterior predileção do pensamento pelas grandes narrativas históricas e pela própria ideia de verdade. Surgida a partir de acadêmicos de esquerda e ecoando a perda de antigas referências políticas e intelectuais, agora a ideia de desconstrução também povoa o *métier* da extrema direita.

74 As altas taxas de evasão nas escolas públicas brasileiras durante a pandemia são sintoma de uma descrença nas instituições, na educação como via de ascensão social e no futuro como um todo.

75 THOMAZ, Omar Ribeiro. "O terremoto no Haiti, o mundo dos brancos e o Lougawou", *Novos Estudos Cebrap*, n. 86, 2010.

não esperam amparo do governo. Diferente da realidade de alguns países europeus, não passa pela cabeça da maioria das pessoas que o Estado brasileiro se responsabilize financeiramente por manter os trabalhadores em casa durante a pandemia. Um segundo aspecto é o descrédito generalizado das instituições, que incluem a Rede Globo. Muitos brasileiros confinados não cansaram de se escandalizar com a ignorância de um povo que teimava em dar ouvidos ao presidente lunático, na contramão do bom senso e da ciência, ecoados insistentemente pela grande imprensa que hostilizou o negacionismo de Brasília. Entretanto, a indiferença popular pode ter menos a ver com ignorância do que com o merecido descrédito da Rede Globo e de veículos afins, cuja sórdida atuação é denunciada em manifestações desde que nascemos: "O povo não é bobo, abaixo a Rede Globo!".

O discurso de Bolsonaro se dirige à população que não acredita nem em Lula, nem na Globo; que fareja certa autenticidade no presidente; que não espera nada do Estado e que, se receber seiscentos reais de auxílio emergencial, continuará trabalhando. Bolsonaro dialoga com as alternativas que parecem abertas para a população trabalhadora. Em consonância com a sua lógica, ele não se propôs a conter a pandemia, mas defendeu a liberdade de as pessoas trabalharem, da "viração": a liberdade de as pessoas lutarem pela sobrevivência no mundo autofágico. Face a um isolamento impossível (pelas condições habitacionais) e impraticável (pela necessidade econômica), muita gente espera que o Estado, ao menos, não as impeça de lutar.

Em síntese, a novidade do bolsonarismo como forma política é instrumentalizar o autoritarismo e o conservadorismo que o caracterizam, mas também a transgressão e a autenticidade, no sentido de normalizar a sociabilidade autofágica que o produziu e que o impulsiona.

Guerra simbólica e política como espetáculo

Em uma realidade na qual a desconstrução como método erode qualquer possibilidade de projeto nacional, enquanto a atomização neoliberal corrói o fundamento de toda sociabilidade, em que se sustenta o nacionalismo bolsonarista? Na ausência de bases materiais para unificar o conjunto da população, como no passado, a ideia de nação não pode mais ser mobilizada para evocar um novo corpo social. Daí a busca por uma identidade política para esse corpo nacional disforme não se apresentar como uma promessa de transformação das instituições sociais e econômicas, mas, sim, pela via de uma simbolização "patriótica" da lógica corrosiva da luta de todos contra todos.

Na ideologia bolsonarista, a impotência para mudar a dinâmica social ou para construir uma nação é compensada por uma hipertrofia da dimensão cultural e dos valores. O outro lado do conformismo inerente à normalização da autofagia é a mobilização permanente de valores em defesa de uma nação mistificada. É como se a moral pudesse conter a dissolução social que a economia produz.

Essa mobilização moral responde a um processo social objetivo: a erosão da família patriarcal como núcleo da reprodução social, o que pode ser visto como uma dimensão da crise do capital, que também afeta o modo como o patriarcado se articula a esse sistema.[76] Eis o pano de fundo da ascensão da luta feminista, mas também dos direitos LGBTQIA+. Entretanto, a movimentação das placas tectônicas da discriminação que, por caminhos diferentes, também fermenta as lutas pela igualdade racial e pelos direitos indí-

76 SCHOLZ, Roswitha. "O valor é o homem", *Novos Estudos Cebrap*, n. 45, 1996.

genas é percebida por muitos como uma ameaça à família patriarcal, idealizada como última referência de estabilidade, em um mundo no qual as referências se decompõem. A afinidade eletiva entre cristianismo conservador e bolsonarismo pode ser interpretada como uma reação desesperada de homens, mas também de mulheres, que sentem seu lugar social ameaçado, mesmo que seja um lugar subalterno. A cruzada moral bolsonarista corporifica a reconquista desse lugar.

Retratada como uma guerra, essa política recria no plano cultural a sociabilidade violenta que se pretende normalizar, o que também é um modo de reivindicar a mudança sem mudar: de defender a ordem atacando-a. Trata-se, portanto, de uma política que é conservadora não somente por seu conteúdo cristão, mas também por sua forma. A cruzada moral bolsonarista molda e dá colorido ideológico ao que, nos fatos, é uma rendição à autofagia.

A rendição aparece como conquista, o velho como novo, a mentira como autenticidade, a ameaça como vítima, a defesa como ataque, e assim por diante. O que essas inversões sugerem é que a eficácia do bolsonarismo como política de massas reside menos no que ela entrega do que na imagem que constrói e cultiva de si mesma. Assim como pouco importa se Bolsonaro é um político profissional, desde que seja percebido como um outsider, pouco importa se a "guerra" contra a pandemia é ou não um desastre se a guerra cultural for eficaz. Como no mundo virtual que o elegeu, Bolsonaro eleva a política como espetáculo a uma nova potência.

Essa constatação complexifica a análise de João Cezar de Castro Rocha[77] sobre a guerra cultural como elemento

77 BARROS, Ciro. "'Quanto maior o colapso do governo, maior a virulência da guerra cultural', diz pesquisador da UERJ", *Pública*, 28 maio 2020.

central do bolsonarismo. A destruição das instituições que a dinâmica bolsonarista produz compromete as condições elementares da gestão pública, resultando em um paradoxo: "Sem guerra cultural, não há bolsonarismo. Mas com guerra cultural não pode haver governo Bolsonaro". Por exemplo: como fazer política pública com o desmonte do Instituto Brasileiro de Geografia e Estatística (IBGE)? Nessa chave, o descolamento entre o mundo paralelo bolsonarista e as exigências da realidade cobrará o seu preço em algum momento. E, então, a violência se acentuará: "Quanto maior o colapso do governo, maior a virulência da guerra cultural e maior a tendência dessa guerra virtual transbordar para as ruas".

Parece razoável supor que, se acuado, o bolsonarismo responderá com mais violência cultural e repressão. No entanto, independentemente da evolução desse governo, delineia-se uma forma de fazer política que aponta para algo novo, em que a importância do IBGE pode não estar posta.

Podemos nos perguntar: o que acontece se a eficácia política do bolsonarismo residir em outra parte? E se essa forma política não for uma aberração, mas uma tendência? Se, em vez de uma espécie de contramovimento polanyiniano para enfrentar esse descolamento, o futuro sinalizar uma radicalização da política como espetáculo? O caso indiano revela um exemplo avançado de combinação entre espetacularização da política e força bruta, que problematiza o paradoxo enunciado por Rocha: a despeito do desmonte da capacidade de formulação e implementação de políticas públicas do Estado indiano, Narendra Modi foi capaz de se reeleger em 2019, e seu partido conquistou maioria no Parlamento (Sundar, no prelo). É certo que a organicidade social e o domínio institucional do nacionalismo hindu são muito superiores aos do bolsonarismo. Em todo caso, a premissa de que governar no século XXI significa administrar crises pode ser anacrônica como uma ditadura que se escora em tanques nas ruas.

Em síntese: Bolsonaro leva ao paroxismo o caráter fetichista da política contemporânea, cuja eficácia não está onde promete estar (em endereçar problemas concretos), mas, sim, na adesão que produz a si própria. Nesse processo, eleva o descolamento entre imagem e realidade a um novo patamar. Nos fatos, o bolsonarismo emerge como uma política dos impotentes, da geopolítica até o lar, mas que ressignifica a impotência por meio de uma virilidade simbólica. O confronto se desloca para o terreno simbólico, o que não quer dizer que se trate de falsos conflitos nem de falsas mudanças, mas, sim, que essas disputas se travam principalmente no plano cultural e subjetivo, enquanto a dinâmica social autofágica que essa política não criou, mas na qual se apoia, é reeditada e acelerada.

A impotência para mudar é um dos elementos que explica por que esse tipo de nacionalismo, no Brasil e no mundo, prescinde das rupturas institucionais associadas aos nacionalismos de esquerda ou de direita do século XX, na forma de revoluções ou de contrarrevoluções. Ao contrário, o aval das urnas tem sido fundamental para a sua legitimidade. Impotente para construir, a desconstrução geral que norteia a luta bolsonarista tem um caráter meramente negativo: não há perspectiva de edificar um novo quadro institucional, como nos nacionalismos de outrora. Posto que uma efetiva refundação nacional, pela direita ou pela esquerda, está fora de cena, a nação aparece de forma mistificada, dotada de uma substância de ordem moral e religiosa. Daí o lema "Brasil acima de tudo, Deus acima de todos", indicando mais um paradoxo do bolsonarismo: uma autenticidade que desemboca em uma mistificação.

Diante dessa realidade, ainda que o caldo entorne na direção de uma ruptura institucional, a revolução invertida do bolsonarismo não poderá instituir sequer um simulacro de "projeto nacional", diferentemente da autoproclamada "revolução" de 1964, quando o terrorismo de Estado abriu caminho para algo que ainda pôde ser chamado de "Brasil potência".

2

Idas e vindas da contenção

Os limites da aceleração: da "revolução invertida" a um "lulismo invertido"

Mas qual o limite dessa destruição do ponto de vista do sistema? Em que medida a aceleração bolsonarista demanda contenção? Pode o ímpeto antissistêmico provocar reações sistêmicas no intuito de moderá-lo, enquadrá-lo ou até descartá-lo? Quais formas políticas essa contenção pode adotar? E que eficácia esperar dessas respostas?

Durante o primeiro ano de pandemia, vislumbraram-se diferentes caminhos — alguns, inclusive, no seio do próprio governo. Houve momentos em que a bola de neve bolsonarista ameaçou derreter sob o calor das muitas brigas que comprou. Criticado na imprensa, fustigado pelo Judiciário, hostilizado pela classe dominante e com a popularidade ameaçada, o oportunista antissistêmico vestiu a camisa da política fisiológica de sempre, comprando, com cargos e verbas, a fidelidade do aglomerado de pequenos partidos venais conhecido como "centrão" no Congresso Nacional. Ao mesmo tempo, assumiu uma conduta mais discreta e menos belicosa, que foi bem recebida pelo grande capital e pelos meios de comunicação. A expectativa era que, sem causar ruídos desnecessários, o governo pudesse avançar, afinal, as reformas e privatizações prometidas. Estaria a fera finalmente domada?[78] A elite brasileira se acomodaria a um Bolsonaro sem bolsonarismo?

O mesmo movimento pode ser visto por outro ângulo. Quando, em 2020, se aprovou um auxílio emergencial que distribuiu quatro vezes mais dinheiro (seiscentos reais), para quatro vezes mais pessoas do que o Bolsa Família petista, o país experimentou uma inédita redução temporária da pobreza absoluta. O presidente capitalizou a situação, e sua popularidade aumentou em meio à devastação sanitária. Essas políticas de transferência de renda coincidiram com uma estabilização das relações com o Congresso, em um momento em que Bolsonaro ensaiava uma versão menos ideológica de si mesmo, pacificando as relações com o Supremo Tribunal Federal e com a mídia corporativa. Como vimos, esse movimento foi acolhido com simpatia pelo capital, que apostou em deslanchar a agenda que lhe interessa. Poderia a "revolução invertida", ansiada pelo bolsonarismo, dar lugar a uma espécie de "lulismo invertido"?

Esclareçamos em que sentido se fala, aqui, em inversão. A tentativa de consolidar uma aliança entre "mercado" e "excluídos" já estava colocada nos governos do PT, mas, naquele momento, foi racionalizada como parte de um projeto de construção nacional, sob a égide do neodesenvolvi-

78 Quando justificou sua adesão ao então candidato Jair Bolsonaro, Paulo Guedes explicou o raciocínio daqueles que representava: "Todo mundo aí trabalhou para o Aécio, ladrão, maconheiro. Trabalhou para o Temer, ladrão. Trabalhou pro Sarney, ladrão e mau-caráter que aparelhou o Brasil inteiro. Aí chega um sujeito completamente tosco, bruto e consegue voto como o Lula conseguiu. A elite brasileira, em vez de entender e falar assim, pô, nós temos a oportunidade de mudar a política brasileira para melhor [...]. Ah, mas ele xinga isso, xinga aquilo [...] Amansa o cara!". Perguntado se era possível amansar Bolsonaro, sentenciou: "Acho que sim, já é outro animal". Ver GASPAR, Malu. "O fiador", *Piauí*, n. 144, set. 2018.

mentismo. Entretanto, conforme se analisou anteriormente, a construção só poderia ser um simulacro, uma vez que, a despeito das intenções de seus líderes, o progressismo possível nos marcos do movimento dessocializador em curso estava fadado a uma gestão da crise por meio de políticas de "contenção aceleracionista". Esse simulacro ruiu com Bolsonaro, que assumiu o desmanche da cidadania salarial e a subordinação aos Estados Unidos. No entanto, diante do agravamento da crise em meio à pandemia, o governo que encarna a "aceleração excludente" recorreu a práticas de "contenção inclusiva", potencializando programas de renda condicionada que foram a vedete social do lulismo. Evidenciou-se que o bolsonarismo não é o contrário do lulismo (no sentido de contraditório), mas o seu inverso: assim como "contenção" implica "aceleração", "aceleração" exige "contenção".

Entretanto, dificuldades de natureza diversa se apresentaram para consolidar o "lulismo invertido". A principal delas foi a intransigência do ministro da Economia em relação à disciplina fiscal, que seria comprometida com a perpetuação de uma renda mínima no patamar instituído em 2020, o que levou o governo a reduzi-la no ano seguinte.[79] Cumpre esclarecer que nem o mercado financeiro nem o ministro Paulo Guedes têm qualquer oposição de princípio a políticas de renda mínima, desde que não comprometam o teto de gastos estabelecido sob Temer. Aventa-se a ideia de financiá-las intensificando privatizações e o corte de gastos com serviços e com o funcionalismo público.[80] Conciliar o fundamentalismo neoliberal com um programa sólido e

79 Em 2021, o orçamento atribuído ao programa foi quase oito vezes menor: passou de R$ 322,8 bilhões (4,3% do PIB em 2020) para R$ 42,6 bilhões (0,6% do PIB em 2021).

80 TOMAZELLI, Idiana. "Governo discute uso de privatizações para bancar programa de renda básica", *O Estado de S. Paulo*, 3 jun. 2021.

abrangente de renda mínima universal seria a pedra filosofal para um governo que não pode dispensar o aval das finanças e do grande capital.

Independentemente do desfecho imediato do episódio, entreviu-se que a política que mais orgulhou o lulismo poderia servir para estabilizar o bolsonarismo no poder. Aceitando como um dado da realidade a degradação dos serviços públicos e a escassez de empregos, faz sentido para muitos entre os despossuídos favorecer o acesso imediato ao dinheiro, a despeito do modo como essa política seja financiada. Hipoteticamente, estão abertas as portas para uma união entre a razão neoliberal dos de cima e as necessidades imediatas dos de baixo, seja quem for o presidente que abençoe essa comunhão.

Naquele momento, assim como aconteceu com o PT no passado, Bolsonaro viu seus voos políticos constrangidos pelo poder supraparlamentar do capital, que impôs o veto da austeridade. Contudo, as idas e vindas do governo, ensaiando moderar a ideologia em prol do pragmatismo enquanto mitigava a pobreza com dinheiro vivo, sugeriam que aceleração e contenção são movimentos opostos, mas não contraditórios, da dinâmica social em marcha. Ao longo da pandemia, a alucinada aceleração bolsonarista avolumou os clamores por freio e contenção, enquanto a derrota eleitoral de Trump, no fim de 2020, privou o governo brasileiro de sua retaguarda internacional mais importante. Os ventos pareciam propícios para que dr. Jekyll, o médico, voltasse a si, dominando, mais uma vez, a monstruosidade do sr. Hyde.

Mas quais as condições dessa contenção, agora que a monstruosidade abandonou as sombras e circula às claras, como um fenômeno disseminado na vida nacional? A qual normalidade se ambiciona voltar? Mais ainda: não seria possível que a doença brasileira tenha desenvolvido resistências contra os remédios e os tratamentos disponíveis?

Os limites da contenção: da "hegemonia às avessas" ao seu avesso

Quando o debate nacional se limita a diferentes estratégias de contenção da dissolução social, isso é indicativo de que uma metamorfose na própria política está em curso. A redução do horizonte de expectativas descrita por Paulo Arantes (2014) corresponde a um estreitamento do campo da política, ou seja, do escopo daquilo que se questiona e se considera possível mudar. Com frequência, essa dimensão essencial do problema é eclipsada, inclusive de um ponto de vista de esquerda. Justamente porque a doença brasileira é aguda, argumenta-se que é impertinente criticar as políticas que visam aliviar seus sintomas. Afinal, não parece sensato, sobretudo nos dias de hoje, criticar os médicos e os seus medicamentos. Contudo, o que muitas vezes se oculta por trás desse moralismo político é uma postura que recalca os males congênitos do organismo social, na esperança de vender falsos remédios.

Evidentemente, é melhor as pessoas terem renda e vacina. Admitir que é preferível um governo que contenha a pandemia a um que a acelere é uma obviedade. A questão é que, quando a política se reduz à dualidade entre contenção e aceleração, e os remédios aparecem como um pegar ou largar, a reflexão sobre o metabolismo social que provoca a doença é bloqueada. A totalidade social é elidida, e a enfermidade se reduz aos seus sintomas. Nesse quadro, em que a contenção de danos se estabelece como um fim em si, o diagnóstico da doença e o seu tratamento são mistificados — podemos dizer que se doura a pílula. Mas, sobretudo, são ignoradas as complexas interações que geram anticorpos e efeitos colaterais no corpo social, como efeito do próprio tratamento.

O problema de fundo pode ser enfocado a partir das reflexões tardias de Celso Furtado, autor insuspeito de radicalismo e cuja trajetória se confunde com a própria ideia de um projeto de desenvolvimento nacional. Na virada para os anos 1990, Furtado já observava que "foram de tal ordem as mudanças estruturais que a visão keynesiana, fundada na observação de sistemas nacionais com ampla autonomia de decisão no plano internacional, fez-se totalmente obsoleta" (Furtado, 1987, p. 130). Como decorrência, o economista paraibano infere que, no Brasil, "o processo de formação do Estado Nacional se interrompe precocemente, isto é, quando ainda não se há realizado a homogeneização nos níveis de produtividade e nas técnicas produtivas que caracteriza as regiões desenvolvidas", o que sinaliza "tensões inter-regionais, a exacerbação de rivalidades corporativas, tudo apontando para a inviabilização do país como projeto nacional" (Furtado, 1992, p. 24).

Essas passagens enunciam o seguinte problema: a "construção interrompida" não significa uma espécie de *stand by*, uma pausa à espera da retomada da construção da nação: o que está em marcha é um processo cumulativo de desconstrução, descrito por Furtado como intensificação de "forças centrífugas" frente à "desarticulação do espaço econômico nacional" (Vieira, no prelo). Mais do que o fim da política como esfera na qual se disputa e se articula um futuro nacional compartilhado, o que se constata é uma dinâmica que agrava os problemas já postos pela frustração da construção nacional. Diante do crescente desnível em relação aos padrões globais de concorrência, reforçam-se no Brasil formas de acumulação capitalista que exigem doses ainda maiores de desigualdade e exclusão.

Essa dinâmica, por sua vez, volta a instaurar o problema da contenção e dos seus limites. Como integrar e incluir pessoas em uma lógica econômica que engendra, no momento seguinte, maior desintegração e novas exclusões? Que tipo de remédio pode dar conta de um processo endógeno de geração de "forças centrífugas"? Não estaria o próprio remédio corroborando, de forma involuntária, o agravamento da doença?

Examinemos mais de perto o argumento. Conforme já indicamos, o sucesso temporário das gestões petistas não pode ser menosprezado, mas deve ser apreciado em sua força e vulnerabilidade. É plausível argumentar que a era petista, com suas tecnologias de gestão social e expansão do consumo, teve um significado impactante, que, à primeira vista, poderia ser confundido com uma ruptura histórica. Enquanto André Singer (2012) evocou o New Deal estadunidense do entreguerras, Perry Anderson (2019 [2020]) sugeriu que o país viveu, sob o petismo, uma "transformação próxima de uma revolução social".[81]

A ilusão tem pontos de apoio na realidade, que devem ser contextualizados, pois o que as políticas de contenção da era petista remediaram foi o diagnóstico avançado em 1996 pelo presidente Fernando Henrique Cardoso: "Quarenta milhões de pessoas são inintegráveis no atual modelo econômico",[82] o que exigiria políticas voltadas à integração dos excluídos. De certa maneira, Lula realizou o programa anunciado, mas não cumprido, por seu predecessor, o que deu lastro ao lema que acompanhou os governos petistas até 2011: "Brasil: um país de todos". Mais ainda, o lulismo parecia consumar a promessa

81 Uma resenha crítica do livro de Anderson pode ser lida em SANTOS, Fabio Luis Barbosa dos. "A parábola de Anderson", *Revista Brasileira de Ciências Sociais*, v. 36, n. 106, 2021.

82 "O regime não é dos excluídos", *Folha de S. Paulo*, 13 out. 1996.

frustrada da Nova República enunciada desde o governo Sarney (1985-1990), sintetizada em outro lema: "Tudo pelo social", que, à sua maneira, punha a marginalização social como problema-chave do período que se abria. Em resumo, se durante os governos do PT muitos brasileiros se alimentaram melhor e compraram mais, bem como aumentou a participação de negros e pobres nas universidades, estes são fatos relevantes e sustentam a popularidade do lulismo ainda hoje.

Mas precisamente neste ponto reside o paradoxo que terminou desencadeando a inversão que destrincharemos. Em um país onde a dinâmica econômica e social já implicava a dissolução do mundo do trabalho e a perda de referências coletivas e nacionais — isto é, em uma sociedade em que o neoliberalismo e a individualização já eram a norma cotidiana —, o êxito da era petista foi produzir uma forma de gestão que corroborava esse estado de coisas e, ao mesmo tempo, o democratizava. Ao reduzir a exclusão social, criou-se a expectativa de que o jogo da concorrência pudesse favorecer os de baixo. Ironicamente, coube a um partido que veio ao poder contra o neoliberalismo das presidências tucanas realizar, de forma eficiente e inclusiva, a utopia neoliberal: parecia que, finalmente, estavam sendo integradas as maiorias que viviam, em grande medida, à margem dos circuitos de produção e consumo. O paradoxo dessa inclusão é que a sociabilidade neoliberal está assentada em uma dinâmica concorrencial que produz, justamente, o seu oposto, ou seja, a exclusão.

O neoliberalismo inclusivo foi a marca da era petista, embora nunca assumida como tal. Ao contrário, o êxito provisório dessa inclusão foi confundido por alguns com superação do neoliberalismo (Sader, 2010), ou mesmo identificado com um processo de refundação nacional. Evocou-se uma retomada desenvolvimentista como a ideologia de um projeto nacional que, supostamente, se afirmava contra o neoliberalismo. Mais do que a retórica neodesenvolvimentista, o neologismo "social-desenvolvimentismo", criado pelo ex-ministro da Fazenda Guido Mantega, traía a ambiguidade da situação: as políticas sociais em curso davam o conteúdo real de um desenvolvimentismo que nunca decolou (Feldmann, 2020).

É nessa ambiguidade que se configurou uma "hegemonia às avessas", expressão cunhada por Francisco de Oliveira para sugerir que a ideia gramsciana de hegemonia se realizava de forma anômala no país, em correspondência com uma estrutura socioeconômica também anômala, que o autor retratara na figura do ornitorrinco (Oliveira, 2015b). Avançada no auge do lulismo, a ideia de uma hegemonia às avessas é útil para delinear o movimento ideológico que analisamos e o seu desfecho político lógico. Oliveira aludia a uma situação em que a dinâmica capitalista determinava a direção real do país, como sempre. Mas, ao mesmo tempo, um presidente metalúrgico representando um partido dos trabalhadores instaurava a questão social no cerne do debate público, assumindo uma espécie de "direção moral" da sociedade. Parecia plausível supor que os de baixo finalmente seriam contemplados.

No entanto, essa hegemonia era frágil, ainda que limitada a um plano ético-moral. Isso porque a bandeira social, encarnada em valores como cidadania e inclusão no jogo da concorrência, tinha pés de barro. Sua base material se assentava em um momento econômico internacional privilegiado, que passou. Ao despontar a crise, ficou claro que a natureza débil e dependente da reprodução econômica no Brasil implica um movimento cumulativo de "forças centrífugas", que aceleram a desconstrução. Essas forças atropelaram as melhores intenções dos proponentes e executores das políticas de contenção da desagregação social, escancarando o fosso entre aquilo que se apregoava como o ideal ético-nacional de um "país de todos" e a aceleração objetiva de uma sociabilidade excludente. Ficou claro que o limite desse neoliberalismo inclusivo estava na impossibilidade de "fazer sociedade", como se prometia. Ao reivindicar a construção nacional quando a dinâmica social descambava na direção contrária, a ideologia petista se transmutou em um engodo. Uma vez que a ilusão nacional se desmanchou, foi inevitável que a escolha ético-moral pelo "social" e pela "cidadania" soasse como uma cínica distorção da realidade.

Quando a verdade de uma falsa sociedade veio à tona, os alicerces da contenção zelosamente administrada pelos governos do PT apareceram como uma mentira. O ideário do "Brasil: um país de todos" era desmentido pela inexistência de um bom lugar para todos. Em vez do *fair play* cidadão e inclusivo, o jogo da concorrência pela vida passaria a ser mais bem expresso como uma batalha aberta e frontal. Quando o lema bolsonarista "Brasil acima de tudo, Deus acima de todos" surgiu na sequência, a mudança fundamental estava sinalizada pela palavra "acima". As grandezas evocadas, "Brasil" e "Deus", mistificam uma dinâmica social que deve se impor, acima das pessoas. "Acima" indica verticalidade, mas, sobretudo, aponta o que é absoluto: o que está posto não mudará, quem deve mudar são as pessoas. Em outro formato, reeditou-se o espírito do bordão do ditador Emílio Garrastazu Médici (1969-1974), "Brasil, ame-o ou deixe-o", que transparece nestas palavras de Bolsonaro: "Quem não aceitar as minhas bandeiras — família, Deus, Brasil, armamento, liberdade de expressão, livre-mercado — está no governo errado".[83] Em vez de o lulismo reatar a meada da construção interrompida, foi o bolsonarismo que uniu as pontas, fazendo ligação direta com os

83 "Ouça e leia na íntegra a reunião ministerial de Bolsonaro liberada pelo STF", *Brasil de Fato*, 22 maio 2020.

fios desencapados da desconstrução nacional. E a Nova República entrou em curto-circuito.

Em síntese, podemos dizer que os governos petistas ofereceram a máxima Nova República possível, nos marcos da dinâmica histórica na qual esteve inscrita. Quando se evidenciou que a reconstrução da nação era um simulacro, o tratamento social que anunciava a integração cidadã também gorou: a inclusão neoliberal perdeu eficácia. A data de validade do remédio foi junho de 2013. Naquele momento, o modo lulista de regulação do conflito social fez água, mas, mais importante, foi o próprio horizonte associado à Nova República que bateu no teto. Dali em diante, a defenestração do petismo foi só uma dimensão da frustração com essa promessa não cumprida — frustração que também englobou os tucanos. Mais além dos partidos, os valores associados à Nova República se desmoralizaram, resultando em um deslocamento da "hegemonia moral" da sociedade. O que veio em seguida só poderia ser a sua negação, virando do avesso a "hegemonia às avessas".

Com isso, muito mais coisa virou do avesso. O esgotamento da "direção moral" petista, que tinha como fundamento o resgate da questão social, foi o pano de fundo no qual prosperou o fogo cruzado da operação Lava Jato.[84] A ética mudou de partido, enquanto o social saiu de cena. Seu lugar foi ocupado pela corrupção — sintomaticamente, uma bandeira negativa. A nova direção moral que se anunciava exercitou seus músculos na guerra declarada pelo andar de cima contra o PT, que pavimentou o caminho para a hostilidade ou a indife-

84 Essa é uma diferença crucial em relação ao contexto do "mensalão": em um momento em que as políticas sociais estavam frutificando e a hegemonia ideológica petista estava em ascensão, no primeiro governo Lula, as denúncias de corrupção tiveram efeitos limitados.

rença do andar de baixo. Assim, abriu-se o caminho para que a deposição de Rousseff e a posse de Temer em 2016, além do golpe preventivo contra Lula em 2018, fossem encenadas sem resistência, em nome da moral e da pátria. Nas eleições que se seguiram, havia um clima social que tornava vergonhoso o voto no PT, mas não no apologista da ditadura. O primeiro era discreto, o segundo, exaltado. Os monstros não apenas saíram do armário como assumiram o leme moral da sociedade.

A nova moral pôs em marcha um processo de desmoralização generalizado, em que ressurgiram outros atavismos brasileiros, a começar pelas elites. É nessa direção que Alex Hochuli atualiza a noção de "mundo sem culpa", elaborada por Antonio Candido em seu texto "Dialética da malandragem", de 1970:

> Este "mundo sem culpa" — um mundo sem dramas morais, sem convicções ou remorsos — é o nosso mundo pós-moderno escrito em grande escala. A nova elite global é inteiramente *désembourgeoisée*; não há regras fixas e inflexíveis, tudo está em negociação. A moral é, no máximo, uma questão individual, subjetiva, se não for um motivo de constrangimento; a elite prefere as confissões vazias da ética corporativa hoje em dia, não os pronunciamentos morais. A moralidade não é mais a pedra angular da autoridade paterna e social. A elite pós-moderna não se sente responsável. Ela não internalizou a lei e, portanto, não sente culpa.[85]

Mais do que atualizar a ideia de Candido, Hochuli sugere que essa moralidade peculiar, marcada pela ausência de culpa, está se internacionalizando. A ausência de nexos

85 HOCHULI, Alex. "The Brazilianization of the World", *American Affairs*, v. 5, n. 2, 2021.

morais, diagnosticada por Caio Prado Jr. desde a origem colonial e que se perpetua na falta de qualquer compromisso das elites com o entorno social, corrobora a ideia de que o Brasil é o país do futuro, mas de forma invertida – uma hipótese já enunciada por Paulo Arantes (2004) em sua reflexão sobre uma "fratura brasileira do mundo".

É certo que o capítulo brasileiro do "mundo sem culpa" não esteve suspenso nos governos da Nova República. Ao contrário, a espoliação e as privatizações, a predação e a corrupção, atravessaram o período. Mas o que até então esteve recalcado veio à superfície de modo descarado no governo Bolsonaro, no qual os formalismos e a polidez do republicanismo burguês foram descartados. O governo do príncipe dos sociólogos também deixou passar muita "boiada" e privatizou muita "merda", mas sempre com modos.

No entanto, como os formalismos e a polidez são inseparáveis da secular hipocrisia burguesa, essa brutalização pode ser percebida por muitos como franqueza, o que também é certo. Se compreendermos os Bolsonaros deste mundo antes como um sintoma do que como uma causa, veremos que eles são a cara feia, mas real, da crise da sociabilidade burguesa, que também é a crise da sua hipocrisia. Por isso, um presidente que naturaliza a mentira e o negacionismo pode aparecer como autêntico, pois ele se apresenta como o oposto da polidez – ou seja, como o reverso de uma sublimação social da agressividade, que exige doses cada vez maiores de falsidade para ficar em pé. Bolsonaro é a cara feia da política em um mundo onde as mediações entre cultura e barbárie se borram. Ele não é o contrário dessa cultura, mas o seu produto, superficialmente rebelde. No Brasil, essa brutalização do andar de cima corrói a fina camada de civilidade que ainda resta. Mas, acima de tudo, manda um salve para a nação, autorizando queimar geral.

Como fica a "dialética da malandragem" quando a ausência de nexos morais deixa de ser um problema para se tornar razão de Estado? A sociabilidade miliciana emerge como a contraparte natural da brutalização burguesa: a espoliação, como norma econômica no andar de cima, corresponde à extorsão como ordem social no andar de baixo. Entretanto, o que antes aparecia como mundos à parte que não se comunicavam — tal qual no antigo dualismo estrutural cepalino — revela a sua natureza simbiótica e mutuamente condicionada no governo do ex-capitão. De repente, uma versão gigante de "gato" nacional veio à tona, expondo múltiplas ligações clandestinas entre as milícias, o Estado e os negócios. O poder miliciano emerge como uma parte informal do Estado — uma espécie de polícia sem controle, mas que tem laços imbricados com a polícia oficial, sobre a qual também não se tem muito controle.

Novamente, o governo Bolsonaro não criou essa realidade, mas trouxe para a superfície o que se encontrava nas entranhas. Desviou os holofotes para o que estava na penumbra, enquanto o que parecia na surdina subiu ao palco de Brasília. Um choque de realidade se produziu: muitos brasileiros se deram conta de que o cristianismo conservador tem um projeto de sociedade, enquanto o poder miliciano tem um projeto político.[86] Diante deles, o ex-capitão se apequena: Bolsonaro emerge como pouco mais do que uma contingência — ele não passa da ponta do iceberg, de uma cratera visível das placas tectônicas que se movem no Brasil e na América Latina.

Muitos, contudo, não enxergam as coisas assim, ou não querem enxergar. Para quem gostaria de devolver o monstro para as sombras, mas não vê vida fora da austeridade

86 A pressão pelo restabelecimento do voto em cédula de papel é parte dos mecanismos que a política miliciana pretende instituir, visando a fiscalização e o controle do voto em suas bases territoriais.

fiscal, o ideal seria um ultraneoliberalismo com modos à mesa, papel para o qual não faltam candidatos, mas votos. Entretanto, na contramão da insignificância objetiva do personagem, a personalização do debate político, alimentada por detratores e apoiadores do presidente, o elevou à condição de super-herói "imorrível, imbrochável e incomível": poderá o mito ser derrotado por mortais? Seria possível puxar alguma carta da manga para, eventualmente, frear a vertiginosa aceleração bolsonarista?

Volta à cena

Alijado da disputa presidencial em 2018 por processos judiciais notadamente persecutórios, conduzidos por quem se tornaria ministro da Justiça do governo Bolsonaro, o ex-presidente Lula teve seus direitos políticos restituídos três anos depois. Naquele momento, os efeitos criminosos da política federal se sentiam em todas as esferas da existência, da economia à saúde mental, e ninguém via luz no fim do túnel da pandemia. Atravessado por milhões de corações vivendo lutos invisibilizados em meio à indiferença calculada, o país estava em sofrimento e sem qualquer perspectiva de alívio.

Nesse contexto, a volta do líder petista ao jogo político trouxe uma lufada de esperança. Como o bafômetro de Brasília se mostrava inservível para impugnar o chofer que conduzia a nação sem freio ladeira abaixo, a possibilidade de trocar de condutor no próximo turno soou reconfortante. Ao mesmo tempo, a expectativa da revanche eleitoral reduziu a urgência de estancar a sangria desatada em Brasília. Bolsonaro ganhou um rival, mas, naquele momento, fortaleceram-se as perspectivas de concluir seu mandato — o que não deixaria de ser uma normalização.

Entretanto, a restituição dos direitos políticos de Lula, por certo justa, não resultou de fatos judiciais novos. De um lado, o ministro do Supremo Tribunal Federal Edson Fachin decidiu, de modo monocrático (isto é, sem consultar seus pares), pela incompetência da 13ª Vara Federal em Curitiba para julgar um ex-presidente da República. Posteriormente, a decisão foi referendada pelo tribunal. No dia seguinte à decisão de Fachin, o ministro Gilmar Mendes pautou um segundo recurso da defesa de Lula, alegando parcialidade do juiz Sergio Moro. Mendes, que pedira vista do processo em 2018, votou em favor da defesa, posição endossada de imediato pelo ministro Ricardo Lewandowski. Na sequência, o ministro Kassio Marques, nomeado por Bolsonaro, votou contra o ex-presidente. Então, a juíza Carmen Lúcia mudou o voto dado anos atrás — que, na ocasião, foi decisivo para a prisão de Lula. Moro foi declarado parcial, e os direitos políticos do ex-presidente acabaram restituídos.

Fica a questão: por que o ministro Fachin não tomou essa decisão há três anos, uma vez que Lula já era ex-presidente e Curitiba já era Curitiba? Ou ainda: por que Gilmar Mendes decidiu seu voto nessa mesma semana, depois de engavetar o recurso de *habeas corpus* da defesa por três anos? Por que Carmen Lúcia subitamente mudou seu voto se também não havia fatos novos? É certo que o site *Intercept* desvelou materiais que comprometeram de modo irrefutável a imparcialidade do ex-juiz Moro. Mas tais revelações circularam havia mais de um ano e, de todo modo, não poderiam ser utilizadas como prova em função da maneira como foram obtidas.

Deparamo-nos com uma situação em que antigos inimigos figadais do ex-presidente, que pouco antes haviam conspirado pelo seu "exílio", logo saudaram a sua volta ao jogo político. Era como se tudo não passasse de um grande mal-entendido enfim resolvido, para o bem do país. Jornalistas que fizeram carreira defenestrando o PT acolheram de braços abertos o retorno do ex-criminoso, agora evocado como verdadeiro estadista. Até Bolsonaro se viu forçado a moderar algumas de suas posturas mais aviltantes, vestindo máscaras protetoras em certas aparições, o que alimentou a percepção de que o ex-capitão finalmente seria contido em seus extremos. Setores da política e da imprensa expressaram um alívio corroborado por muitos cidadãos, inclusive entre os que não são eleitores de Lula, mas partilhavam a esperança de que se ergueria uma barreira para frear a devastação em curso e, quem sabe, restaurar uma normalidade, seja lá o que isso fosse.

Repentinamente, o cenário parecia outro. Até o vice-presidente, Hamilton Mourão, ponderou que "o povo é soberano, se quiser a volta de Lula, paciência".[87] No entanto, o retorno de Lula à disputa política não foi produzido por qualquer pressão popular nem resultou de revelações jurídicas. Diante dos fatos, infere-se que a reabilitação de Lula correspondeu a uma movimentação no andar de cima da sociedade brasileira, em resposta à aceleração do colapso do país. André Singer, autor da racionalização mais elegante do conservadorismo petista no poder, aventou de modo indireto essa hipótese: "Talvez, com a reabilitação do lulismo, os aqueus vençam Troia, terá pensado o juiz? No caso da tragédia brasileira, goste-se ou não do passado de Lula, à esquerda ou à direita, o rol que lhe foi agora conferido é o de salvar a democracia".[88] Essa leitura contém um diagnóstico e um programa que endossam a espiral corrosiva que viemos descrevendo: serão necessárias frentes cada vez mais amplas para defender cada vez menos país.

87 URIBE, Gustavo & COLON, Leandro. "'O povo é soberano, se quiser a volta de Lula, paciência. Acho difícil', diz Mourão", *Folha de S. Paulo*, 10 mar. 2021.

88 SINGER, André. "Lula – o retorno do ostracismo", *Revista IHU On-Line*, 16 mar. 2021.

Evidentemente, não se trata de um movimento coeso e unívoco. Até porque a desconstrução do país também afeta a classe dominante, desdobrando-se em uma espécie de "crise de direção". O Clube Militar emitiu uma nota condenando a decisão do STF, o que era esperado. Entre os porta-vozes do mercado, ressoou o discurso de que a polarização entre Bolsonaro e Lula é ruim para o país. Seu ideal seria uma terceira via que avançasse a agenda do primeiro, com o carisma pop do segundo.

Em todo caso, o que transparece é que o pano de fundo da volta de Lula ao jogo político são movimentações da classe dominante na direção de conter a aceleração bolsonarista. Isso não quer dizer que o líder petista voltará à presidência, pois o futuro político do Brasil está em aberto. Mas sinaliza que a contenção lulista voltou ao leque das alternativas imediatas. Ciente do seu papel, Lula não tardou em se reunir com José Sarney e selar um pacto pela democracia com Fernando Henrique Cardoso, ao mesmo tempo que flertava com setores do "centrão": a ressurreição da Nova República não poderia ser encenada de forma mais literal.

Independentemente dos meandros do jogo partidário, a contenção ao bolsonarismo que está posta revela a sua orientação restauracionista, em busca de uma normalidade perdida, identificada com um passado mais ou menos idealizado. Visto por esse ângulo, é possível dizer que o progressismo mudou de direção, pois aponta o passado em vez do futuro, e essa reorientação constitui uma novidade, já que a contenção em si não o é. Na realidade, a aceleração capitalista sempre demandou alguma contenção, que se materializa em tentativas de racionalização institucional, em nome da sobrevivência da própria ordem concorrencial.

Em um plano mais geral, a contenção corresponde a uma contradição constitutiva da modernidade burguesa, já indicada por Horkheimer (1982, p. 14): "Uma das causas da moralidade burguesa se situa na necessidade de restringir o princípio de competição, justo na época dominada por tal princípio". Em outras palavras, o princípio da competição que governa a totalidade do capital precisa ser limitado para que o todo social seja capaz de reproduzir a si mesmo. Faz-se necessário regrar o jogo, para que o "ambiente de negócios" e a acumulação prosperem.

Traduzindo essa dinâmica para o Brasil atual: se o bolsonarismo leva ao paroxismo a natureza autofágica da sociabilidade burguesa, inviabilizando a própria constituição de uma sociedade, cabe a essa mesma burguesia conter tal dinâmica e salvar a sociedade. Parafraseando Keynes, que dizia ser necessário salvar o capitalismo dos capitalistas, trata-se, no Brasil, de salvar a sociedade burguesa de sua própria corrosão.

Mas justamente o caso brasileiro revela que a dinâmica aceleração/contenção não é uma mera alternância de fases distintas, resumindo-se a um eterno retorno entre polos opostos. É crucial compreender o sentido qualitativo do movimento, pois o conteúdo do que se acelera, bem como daquilo que se pretende conter, está sempre mudando. Trata-se, como sugerimos, de uma dinâmica cumulativa, que se desdobra em uma espiral de degradação social em direção à barbárie. Confrontado com uma aceleração crescente, em uma trilha sempre mais esburacada, é cada vez mais difícil para o progressismo frear, engatando a marcha a ré.

Para além da obviedade de que a Terra gira e o mundo muda, a orientação restauradora do progressismo está na contramão do movimento da história. Décadas de neoliberalização erodiram as condições materiais que davam lastro à cidadania salarial como horizonte societário, tornando anacrônico um partido dos trabalhadores da maneira como o PT foi concebido. Daí a centralidade do "lulismo" como fenômeno carismático, em vez de uma política de classe (Ab'Sáber, 2011). Por outro lado, formas políticas como o bolsonarismo são dinamizadas pela dessocialização autofágica, ininterrupta. O futuro deste presente não pertence aos médicos, mas aos monstros.

A retroalimentação dessa dinâmica pode ser ilustrada pelo viés da segurança pública. Enquanto a Nova República desabrochava, as periferias urbanas de São Paulo viveram um cenário de guerra civil, e os índices de homicídio explodiram. Em resposta, o poder público fortaleceu as polícias com novos efetivos e equipamentos, ao mesmo tempo que o encarceramento se multiplicou. Por sua vez, a situação escabrosa das prisões fermentou o caldo cultural em que o PCC se afirmou com uma organização capaz de ordenar os conflitos entre presidiários, posicionando-se, em paralelo, como interlocutor legítimo diante das autoridades penitenciárias. Das cadeias para as quebradas, o PCC se tornou uma referência de ordem e moral. A seu modo, a organização disciplinou a violência e fez justiça. E muitos irmãos fizeram dinheiro no caminho (Feltran, 2018).

Um dos resultados dessa ordem foi a redução substantiva dos índices de homicídio no estado de São Paulo, o que, por sua vez, deu argumentos para reforçar as políticas de segurança pública em andamento: as polícias continuaram crescendo e se armando, mas o PCC também. A polícia foi vitaminada por orçamentos públicos cada vez maiores, e muitos policiais "complementaram a renda" achacando, de modo metódico e rotineiro, mercados ilegais que se expandiam. Com eles, expandia-se também o PCC. A degradação do mundo do trabalho, de um lado, e o encarceramento em massa, de outro, jogam água no moinho da organização, que se refere à prisão como "faculdade".

Diferente das milícias no Rio de Janeiro, nas quais prevalecem relações simbióticas entre polícia e criminosos, a ética do PCC interdita essa aproximação. Assim, se no Rio de Janeiro a incursão policial em uma favela pode ser motivada pela intenção miliciana de desalojar um concorrente — digamos, o Comando Vermelho —, na ocasião em que o PCC se levantou em São Paulo, em 2006, 59 agentes de segurança pública morreram, enquanto a retaliação policial cobrou mais de quinhentas vidas.

A despeito das particularidades regionais, o denominador nacional comum é que polícias se fortalecem, mas ladrões também. E as fricções entre esses mundos produzem mais violência: violência gera violência. Portanto, a complementariedade entre os polos da violência não se traduz em unidade. Ao contrário, formam-se quadros que respondem a visões de mundo diferentes e, muitas vezes, conflitantes, embora as tensões sejam acomodadas, aqui e ali, pela hábil mediação do equivalente universal: o dinheiro.

Enquanto em outras partes do mundo a noção de que a dessocialização neoliberal que conduz à guerra civil tem um sentido figurado — ou toma como referência a dicotomia entre Estado e cidadania, ou repressão e insurgência —, no Brasil a guerra em potencial está colocada literalmente. E, nela, ninguém tem clareza para diferenciar os bons e os maus em meio a uma cidadania que se encolhe ou se arma.

Em um país como o nosso, a violência latente ao neoliberalismo chega às vias de fato. Mais do que isso: na medida em que a própria dinâmica da reprodução social produz polícias e ladrões em escala massiva, mobilizando recursos econômicos e repressivos cada vez maiores, esses atores ganham importância social e econômica, mas também política. À maneira de países como México e Colômbia, conforma-se no Brasil uma espécie de bloco político armado capitaneado pelas polícias, no qual também se irmanam as Forças Armadas e a segurança privada, em torno de uma visão de mundo convergente. Cada um desses atores maneja recursos econômicos vultuosos, dialoga com uma necessidade social concreta e, claro, dispõe de milhares de militantes armados que podem ser mobilizados por uma causa que dificilmente será republicana. Esta é uma segunda diferença em relação aos países centrais: aqui, o bloco armado tende a se autonomizar em relação aos governos, envolvendo-se em diferentes dimensões da economia política da barbárie.

No outro polo, o mundo do crime também é pervasivo. Assim, a tendência é repor, no plano político, dinâmicas de oposição complementar que polícias e ladrões protagonizam no cotidiano: expressões como "narcoestado" ou "parapolítica", que circulam em países como México, Colômbia e Honduras, aludem a esse fenômeno. Mas, no caso brasileiro, o bloco armado tem um projeto de sociedade. Paradoxalmente, as polícias se percebem como a última barreira que separa o país da barbárie, o que justifica sua demanda por autonomia, os orçamentos que mobilizam e os assassinatos que perpetram. Assim como acontece com o cristianismo conservador, com o qual tem afinidades eletivas, o projeto societário policial concebe o poder estatal apenas como um meio: o fim é defender a sociedade.[89]

Bolsonaro levou ao governo esse projeto político, que defende a sociedade destruindo-a. A dessocialização agrava a insegurança, a qual, por sua vez, reforça a polícia como política. Se Mao Tsé-Tung pensou o povo como as águas nas quais a guerrilha nadaria como peixe, a corrosão do tecido social é o mar, em que polícias e ladrões navegam. Por sua vez, a guerra latente reproduz e aprofunda o medo, o ódio e a indiferença, propelindo a politização do ressentimento social operada pelo bolsonarismo — que não criou essa dinâ-

89 FELTRAN, Gabriel. "Polícia e política: o regime de poder hoje liderado por Bolsonaro", *Novos Estudos Cebrap*, 27 jun. 2021.

mica nem seus atores, mas dela se alimenta, ao mesmo tempo que a reforça.

Nesse cenário, como fazer uma nação? Há cem anos, o "manifesto antropofágico" modernista celebrava diferentes matrizes culturais como uma riqueza potencial para forjar a nação: "Só a antropofagia nos une. Socialmente. Economicamente. Filosoficamente". Na atualidade, a reprodução social vivida como uma batalha pela sobrevivência engendra universos culturais hostis entre si. Neste Brasil do cada um por si e de todos contra todos, haverá fusão criativa possível? Ou teria a antropofagia se metamorfoseado em autofagia? Já não está claro se a antropofagia nos une, mas é certo que a autofagia nos desune. Social, econômica e filosoficamente.

A mesma questão pode ser enfocada por outro prisma. Em 1959, Antonio Candido publicou uma obra na qual pensava a formação nacional pelo ângulo da literatura (Candido, 1993). O horizonte da sua reflexão, que não precisava ser enunciado, é que o Brasil se tornaria uma nação letrada e, mais do que isso, que os brasileiros partilhariam referências culturais comuns, inclusive literárias. O que pensar dessas premissas mais de meio século depois, quando o país se encontra atravessado por polícias e ladrões, uns crentes e outros não? Ou por feministas negras que disseram, com seus corpos, "ele não", enquanto os "faria limers" ponderaram, com o bolso, "ele sim"? Será possível forjar uma nação a partir de universos simbólicos e lealdades tão díspares? Ou seria mais realista reposicionar a problemática da formação nacional para encarar, por diferentes ângulos, a deformação nacional?

Seja como for, duas coisas estão claras. Em primeiro lugar, a despeito dos próximos resultados eleitorais, a corrosão do tecido social brasileiro, comprometendo a fina camada de civilidade que separa o país da barbárie, continuará se aprofundando. Em segundo, o Brasil de hoje é diferente daquele em que Lula foi eleito presidente pela primeira vez, há vinte anos. E fica difícil argumentar que a diferença é para melhor. Assim, cabe indagar: se o principal trunfo da versão brasileira do progressismo é a capacidade de conciliação, qual será a pactuação possível neste cenário? E qual a dose necessária do remédio para que a contenção surta algum efeito?

Lula dizia nunca fazer concessão política, mas acordos: "Se Jesus viesse para cá, e Judas tivesse a votação num partido qualquer, Jesus teria que chamar Judas para fazer coalizão". Não dá para saber se, algum dia, Lula reencarnará o Salvador na presidência. Mas qualquer um que reivindicar esse papel deve estar preparado, pois os Judas serão muitos. E estarão armados.

Em busca do admirável mundo dos novos consensos

No curto prazo, o cenário sombrio parece ser amenizado pela situação internacional pós-pandemia. Existe a expectativa de que as políticas das duas potências que saem fortalecidas deste contexto, Estados Unidos e China, ampliarão a margem de manobra do Brasil para lidar com a dimensão econômica da crise.[90] De um lado, o bilionário Plano Biden recolocaria no horizonte a expansão fiscal keynesiana, atrelada ao ensejo de um novo New Deal, com a pretensão de reatar os laços sociais esgarçados após o mandato de Trump. Por outro, a mera existência da China sugere uma ordem mundial menos assimétrica, favorecendo o poder de barganha de

90 Essa esperança de supostos bons ventos vindos tanto da China como dos Estados Unidos transparece em declarações recentes de Lula. Ver "Former brazilian president says Bolsonaro became a 'rogue leader,' botched covid response", PBS, 13 maio 2021; e "Lula elogia Partido Comunista Chinês: 'Países deveriam aprender'", *Poder 360*, 28 jun. 2021.

países como o Brasil. Além desse aspecto geopolítico, as práticas de planejamento e intervenção do Estado chinês, associadas a um projeto nacional, poderiam inspirar um novo ensaio desenvolvimentista.

Não detalharemos as perspectivas imediatas da economia global, mas, efetivamente, é possível algum nível de recuperação de curto prazo, puxado por essas potências. Entretanto, do ponto de vista da nossa análise, convém problematizar seus hipotéticos benefícios para o Brasil. Em primeiro lugar, esses enfoques de curto prazo desconsideram a dinâmica estrutural do capital em crise, que aumenta disparidades e reforça as hierarquias internacionais vigentes. Nessa realidade, o poder de recuperação das duas potências está ligado à debilidade relativa de países como o Brasil.

No caso dos Estados Unidos, a capacidade de implementar políticas macroeconômicas expansivas é indissociável do estatuto do dólar como moeda-reserva global e da posição privilegiada dos títulos do país como último porto seguro em meio à instabilidade inerente à financeirização. É esse privilégio dos Estados Unidos que viabiliza déficits públicos e comerciais inconcebíveis para outros países. A contrapartida da centralidade do dólar é o papel que outras moedas, como o real brasileiro, têm nos mercados globais. Trata-se de moedas não apenas "fracas", mas, sobretudo, especulativas, cuja demanda depende de avaliações de curto prazo (Carneiro & De Conti, 2020). Frente a essa arquitetura financeira global, a expectativa de que uma mudança de comando em Brasília devolva a liberdade para a política macroeconômica, viabilizando políticas substantivas de assistência social, é irrealista.

Ademais, o autopropalado "Novo Consenso de Washington", supostamente distante do consenso original dos anos 1990, implica importantes contradições para a América

Latina. Caso os juros estadunidenses subam, movimento que, em 2021, já se insinuava nas taxas longas, toda uma miríade de negócios que só prosperam em função do endividamento barato pode falir, segundo projeção do Fundo Monetário Internacional.[91] Como contramovimento, reforçar-se-ia a subida dos juros no Brasil, que também já se esboçava em 2021. Em suma, a despeito do êxito ou não desse "Novo Consenso de Washington", os condicionantes estruturais que atrofiam a política econômica permanecerão. É certo que a austeridade radical que caracteriza o governo Bolsonaro pode ser atenuada. No entanto, apenas uma nova alta das commodities atrairia vultuosos fluxos de capitais externos; mas esse filme já foi visto: seus efeitos são temporários, enquanto os impasses estruturais da economia brasileira se agravam.

Problemas análogos, mas distintos, se instauram em relação ao chamado "Consenso de Pequim". Os louvores do progressismo ao "modelo chinês" como último refúgio do desenvolvimentismo correspondem a uma sintomática incapacidade de demonstrar como esse "modelo" favoreceria um novo padrão de inserção externa, ou transformações substanciais na dinâmica do capitalismo brasileiro. Deixando de lado a incompatibilidade do regime chinês com qualquer horizonte emancipatório, essa evocação abstrai as condições históricas específicas do "milagre chinês". E, sobretudo, elide a natureza das relações econômicas entre esses países, a qual é objetivamente oposta aos ensejos de industrialização e soberania emulados por seus admiradores brasileiros: uma balança comercial que escancara a crescente reprimarização

91 FUNDO MONETÁRIO INTERNACIONAL. "Uma ponte para a recuperação: relatório sobre a estabilidade financeira mundial", abr. 2021. Disponível em: https://www.imf.org/pt/Publications/GFSR/Issues/2021/04/06/global-financial-stability-report-april-2021.

do Brasil; a intensificação dos mecanismos de acumulação por despossessão, inclusive por meio de concessões e privatizações em benefício de capitais chineses; e a aceleração do desmanche industrial, diante da concorrência chinesa.[92] Precisamente pelo fato de o espaço global para acumulação ser cada vez mais exíguo e selvagem, achar que a China abdicaria de sua posição de força econômica em proveito de uma espécie de colaboração benigna com o Brasil carece de racionalidade. A ascensão chinesa, longe de abrir novas janelas de oportunidade para o Brasil, estreita ainda mais o campo para a expansão do capitalismo brasileiro, que já era extremamente limitado antes do "milagre chinês", diante da concorrência desigual com os países ricos. Em síntese, a natureza dos nexos da economia brasileira com o capitalismo estadunidense e com o capitalismo chinês expõe duas faces diferentes da impossibilidade de retomar a acumulação expandida em um contexto de crise estrutural do capital, comprometendo qualquer projeto de desenvolvimento nacional no capitalismo periférico. A financeirização que passa por Washington e o extrativismo que deságua em Pequim reatualizam a nação como um mero negócio no século XXI. As expectativas depositadas na política estadunidense e a emulação do regime chinês tendem mais para a admiração contemplativa do que para possibilidades efetivas de modificação das condicionan-

92 Os industriais brasileiros remanescentes têm posição mais realista do que a esquerda sinófila. Em março de 2021, quando tarifas para a importação de bens de capital e outros produtos foram reduzidas pelo ministro Paulo Guedes, a Confederação Nacional da Indústria (CNI) protestou contra essa medida, que, aos seus olhos, teria um único beneficiário: a China "comunista" e, supostamente, bastião da oposição mundial ao neoliberalismo. Ver SIMÃO, Edna. "Corte de imposto de importação favorece China, aponta CNI", *Valor Econômico*, 29 mar. 2021.

tes estruturais da economia brasileira. Pois o que parece ser a força do admirável mundo dos novos consensos está umbilicalmente ligado às nossas fraquezas de sempre.

Dissenso irredutível

Paradoxalmente, a emulação de novos consensos externos de eficácia duvidosa corresponde a uma situação de dissenso irredutível no interior da sociedade. Anos de bolsonarismo no poder dão voz e vez a um conjunto de atores e processos de dissolução social que saem das margens e se tornam dominantes, em função da natureza cumulativa da desconstrução nacional. O que parecia anomalia se empodera e se normaliza.

O drama não se resume a constatar que os remédios da contenção tendem a perder eficácia ou a produzir efeitos opostos aos desejados. A questão é que a metástase bolsonarista modifica a própria dinâmica da doença brasileira, como se depreende da análise precedente sobre segurança pública e criminalidade. A aceleração deixa de ser um processo inconsciente e espontâneo de extravasamento do ressentimento social, para constituir uma nova forma de política, na qual não faltam quadros nem aparelhos ideológicos. Sua base social é uma mescla heterogênea que inclui pobres e ricos, católicos e evangélicos, empresários e empreendedores de si, polícias e milícias, Forças Armadas e financistas, e que converge em torno de um novo espírito do tempo, oposto ao que a Nova República encarnou. Distante do diálogo e da persuasão como método preferencial para costurar uma união nacional em torno de certos valores fundamentais, ainda que idealizados, essa nova força social extrai sua coesão justamente do repúdio a qualquer tentativa de pactuação e consenso. A dinâmica da aceleração deixa de ser contingente e passa a ser socialmente desejada.

Na contramão disso, o descolamento entre a promessa e a realidade da política da contenção tende a drenar o dinamismo desta alternativa, tornando-a uma forma de política desenergizada. O argumento de que há um consenso antibolsonarista na sociedade brasileira, expresso, por exemplo, na campanha "somos 70%", elide o caráter heterogêneo dessa maioria. Mas, sobretudo, oculta a impossibilidade de galvanizar essa energia social, convertendo o rechaço em força política objetiva. Não se pode esperar potência de um progressismo que milita pela conservação social ou pela restauração de um passado idealizado. Em uma realidade em que os ventos da história insuflam a extrema direita global, constata-se, no Brasil, que os moinhos satânicos encarnados pelo bolsonarismo já se encastelaram e criaram fortalezas no tecido social. Com ou sem Bolsonaro, há um impulso propagador dessa forma política que não será dirimido pela invocação de um passado que ruiu pelas próprias contradições.

Um capítulo dessas contradições não resolvidas diz respeito ao estatuto presente e futuro do mundo do trabalho. A tendência de aumento da informalidade é agravada pela crescente indistinção entre trabalho informal e as formas precarizadas e desregulamentadas do trabalho formal. Mesmo nos Estados Unidos, impõe-se a percepção de que os estímulos governamentais e programas de transferência de renda podem reanimar o consumo e aliviar a pobreza, mas não reverterão o desmonte da sociedade salarial.[93] A mesma constatação se observa na Europa Ocidental, antiga fortaleza do trabalho regulamentado.

Se a normalidade esperada para o pós-pandemia no coração do capitalismo mundial é o retorno de uma engre-

93 ROBERTS, Michael. "The Year of the Pandemic", *Michael Roberts Blog*, 11 mar. 2021.

nagem social que produz, em escala crescente, o que David Graeber (2018) chamou de *bullshit jobs* [empregos de merda] e desemprego, como avaliar no Brasil as promessas de Lula no 1º de maio de 2021: "Nós já provamos que existe outro jeito de governar, que é possível garantir a cada trabalhador e a cada trabalhadora um salário digno, a segurança da carteira assinada [...]. É preciso acreditar que o Brasil pode voltar a ser um país de todos"?[94] Será que pode mesmo?

Para esclarecer o nosso ponto: uma coisa é a defesa inadiável dos meios de vida e dos direitos básicos para aqueles que, nesta sociedade, vivem do seu trabalho; outra coisa, bem diferente, é pintar a restauração utópica de uma sociedade salarial, que, no Brasil, nunca se consolidou no passado e certamente não está posta como futuro.

Essa promessa irrealizável não é uma impostura; ela é sintomática de uma falta de ideias que revela a impossibilidade objetiva de transcender as referências originais que animaram os fazeres e os sonhares desse partido operário brasileiro. Tal impossibilidade corrobora o impasse civilizatório do nosso tempo, revelando uma impotência simétrica na esquerda e na direita para imaginar horizontes que transcendam o paradigma do progresso e, nesse quadro, repensar o lugar do trabalho.[95]

Se, na aurora do capitalismo, esquerda e direita se irmanavam no culto ao trabalho, observa-se um fenômeno compará-

94 ROCHA, Rosely & MUNIZ, Marize. "'Trabalhadores, lutar sempre e desistir jamais', diz Lula no 1º de Maio Unificado", CUT, 1º maio 2021.

95 Referimo-nos ao trabalho como atividade indissociável de relações coercivas no mundo contemporâneo e cujo motor fundamental é o medo da exclusão, em suas dimensões material e psíquica. A restituição de sentido ao trabalho das maiorias envolve transformações de tal envergadura que esse fazer social se tornaria irreconhecível na forma como o trabalho é vivido na atualidade.

vel na atualidade, mas com diferenças cruciais. No passado, a esquerda arrancava conquistas em nome de um proletariado coletivamente organizado, cujo poder político correspondia à sua centralidade objetiva na produção social da riqueza. O culto ao trabalho estava lastreado em uma promessa emancipatória. No presente, o trabalho organizado perdeu centralidade na produção e na política. Diante disso, a incapacidade de uma esquerda ainda referida ao paradigma do progresso em imaginar formas sociais que superem o trabalho como um fim em si cobra o seu preço. Abrem-se brechas para que o culto ao trabalho emerja como uma bandeira da extrema direita, em sua forma abertamente sacrificial e autofágica.

No mesmo 1º de maio em que Lula prometeu a restauração da cidadania salarial, manifestações da direita defenderam a livre realização de todas as atividades econômicas, em oposição às medidas de isolamento social adotadas por estados e municípios na pandemia. Embora pouco numerosas, essas mobilizações revelam uma direita que saiu às ruas em uma data historicamente reivindicada pela esquerda, também em defesa do trabalho. No entanto, distante da cidadania salarial, essa reivindicação é ressignificada como a liberdade de lutar pela sobrevivência em uma sociedade autofágica. Ressoando a posição do presidente, a defesa do confinamento é retratada como uma postura elitista, de quem tem o privilégio de não precisar matar um leão por dia para comer.[96]

Evidentemente, há muita hipocrisia entre quem posa em defesa dos trabalhadores enquanto apoia um governo que acelera a pandemia e que reduziu substancialmente

96 Nas palavras de Bolsonaro: "Atividade essencial é toda aquela que é necessária para um trabalhador levar o pão para casa". Ver SOARES, Ingrid. "Atividade essencial é toda aquela necessária para um trabalhador levar o pão para casa", *Correio Braziliense*, 4 mar. 2021.

o auxílio emergencial em 2021. Mas a fratura exposta nas ruas é real: poucos acreditam que o futuro será redimido na miragem de um mundo do trabalho protegido, harmônico e valorizado. A incredulidade não é apanágio de uma minoria bolsonarista ou de empresários inescrupulosos; reflete a vivência concreta de milhões de pessoas que não veem opção além da "viração", da economia de plataforma e de outras formas de labuta, formais ou informais, legais ou ilegais. Em suma, poucos botam fé na promessa de imunização contra a selvageria.

É evidente que a aceleração sistêmica engendrada pelo capital atingiu o mundo do trabalho: cada vez mais, pedala-se "para manter a sua posição, na escada rolante em movimento descendente".[97] Nessa rotação ininterrupta e interminável, os indivíduos são convocados a se enfrentar como "capitais humanos", ao mesmo tempo que se intensificam a precarização e a vigilância, arando o terreno no qual o conflito entre os que vivem do trabalho é cultivado. Em outras palavras, a subjetividade autofágica tem uma objetividade concreta. Na ausência de alternativas críticas a essa sociabilidade e aos seus pressupostos, dissemina-se a sensação de que pior que estar em guerra é qualquer tentativa de privar os combatentes das armas de que dispõem; ou, ainda, prometer um mundo do trabalho ornado de direitos e proteções sociais, quando isso é cada vez menos realidade, para cada vez menos gente: pintar com tintas róseas o que se vê como preto no branco.

O petismo promete que a escada rolante voltará a subir para todos, como se o mecanismo social descendente pudesse se inverter apertando os botões corretos: é uma questão de técnica de governo. O modo petista de governar corresponde

97 BÖTTCHER, Herbert. "Alguma coisa segue seu curso ou: o apito final que ninguém quer ouvir", *Exit!*, nov. 2018.

a um método para construir governabilidade. Contra a política do dissenso irredutível, o petismo propõe uma pactuação social sempre redutível. A divisão é enfrentada com união; o conflito, com diálogo; e a aceleração, com contenção.

Entretanto, essa oposição mascara uma unidade. A defesa transversal do trabalho como um direito — em vez de repensar o seu lugar diante da automação das forças produtivas — sugere que ambos os polos partilham de uma gramática civilizatória comum: o valor como princípio totalizante das relações sociais, que institui uma sociabilidade presidida pela concorrência, engendrando uma dinâmica de dessocialização autofágica que se pode modular, mas não inverter. Em resumo, estamos diante de diferentes formas políticas de impotência para desafiar essa dinâmica social. Na medida em que a esquerda disputa a hegemonia sem questionar a engrenagem que produz o movimento descendente — o princípio societário que ordena essa totalidade —, ela revela uma impotência oposta ao bolsonarismo. A política petista está na negação da dessocialização neoliberal, enquanto o bolsonarismo positiva essa dinâmica. A primeira promete políticas estatais de imunização diante da autofagia, enquanto a promessa do segundo é armar os indivíduos para vivê-la.

Frente à impotência de um lado e de outro para mudar, o conteúdo da disputa política se esvazia. Problemas estruturais sequer são evocados, enquanto o debate é deslocado para o plano dos valores — talvez o único terreno da mudança possível quando os princípios ordenadores dessa sociabilidade não estão em questão. Paradoxalmente, como uma espécie de compensação simbólica para simular a mudança onde ela não está colocada, o confronto de impotências é encenado como uma disputa entre super-heróis. A política se encena como espetáculo, enquanto a realidade ganha contornos de ficção.

Entre médicos e monstros, entre contenções e acelerações, processa-se uma dialética negativa cujo sentido se aproxima tragicamente da ficção imaginada por Stevenson. Com isso, não afirmamos que um desenlace monstruoso é inexorável, mas, sim, que o país avança nessa direção. Para modificar esse curso, é preciso, em primeiro lugar, um diagnóstico realista da doença social. Não é possível resolver os problemas da realidade com uma compreensão superficial de sua dinâmica, assim como não é possível curar um câncer com aspirina — ainda que ela possa aliviar provisoriamente algum de seus sintomas.

Nossa análise mostra que as tentativas de controlar e regular a dinâmica econômica e social em curso são impotentes diante do agravamento contínuo da tripla crise do capital, do Estado e do trabalho. A autonomia e a integração ambicionadas revelam-se fictícias diante do aprofundamento da heteronomia autofágica. O que aparecia como progresso econômico resulta em regressão da estrutura produtiva; empresários que pareciam parceiros de um projeto desenvolvimentista dão lugar à predação do "mundo sem culpa"; tentativas de afirmar um mundo do trabalho civilizado resultam em antagonismos inconciliáveis no estreito funil da concorrência, e assim por diante.

A despeito das intenções, o progressismo corrobora a ficção de que as raízes do impasse brasileiro não estão na própria dinâmica da reprodução social, mas em supostos descaminhos que, uma vez retificados, permitirão à sanidade e à saúde dirimir a loucura e a doença. Como dr. Jekyll, acredita-se no poder da razão para domar o monstro, sem que se tenha em conta a monstruosidade latente na própria razão que se pretende afirmar. A monstruosidade que dr.

Jekyll liberou é constitutiva da razão à qual serve enquanto médico, e que atende pelo nome de progresso. Assim como o sr. Hyde foi se desenvolvendo a partir da repetição da fórmula, a doença brasileira também evolui com a reiteração das formas de reprodução econômica e social vigentes, ainda que sob o governo da medicina progressista.

O descompasso entre o agravamento da doença e a ineficácia do remédio se coaduna com diferentes reações ideológicas em circulação. A ortodoxia imperante insiste em resolver os problemas do neoliberalismo com mais neoliberalismo, delineando um ciclo infinito de austeridade autoimune a críticas, pois estas são sempre respondidas com prescrição de mais reformas neoliberais. No polo oposto, o progressismo está sempre à espera de uma correlação de forças favorável à mudança. Enquanto isso, justificam-se ciclos infinitos de pragmatismo programático, acompanhado das alianças eleitorais de sempre, empurrando toda alternativa crítica a este presente para um futuro que nunca chega.

Outra expressão do mesmo impasse é a proposta de derrotar a extrema direita no seu campo, isto é, na guerra cultural. O desafio residiria em mobilizar emoções e valores para resgatar da manipulação bolsonarista o "verdadeiro projeto popular e nacional". Daí a exortação ao carisma de Lula, evocado como o único capaz de derrotar o diabólico Messias, em uma retórica de tons messiânicos cuja versão laica se expressa na linguagem de um "populismo de esquerda renovado".[98] Decerto, a questão não é que o plano dos valores e da

98 Um exemplo dessa posição: "O populismo democrático, esse antídoto capaz de derrotar Bolsonaro, deve se inspirar em Getúlio. Deve incorporar valores e vocabulário cristãos, sem abrir mão da ética republicana. Deve articular novas identidades e novas demandas sociais, sem abrir mão das antigas. Deve brotar de todos os fragilizados vitimados pelos fortes [...]. Mas, acima de tudo, para ser o líder do

cultura deva ser descartado como menor e subordinado aos ditames da economia. Mas, justamente, quando a cultura se torna a forma por excelência da disputa política, é porque a própria política se reduziu a um grande espetáculo. Esse teatro simbólico, que concentra as atenções da esquerda e da direita, expressa a impotência de uma e de outra para alterar o metabolismo social.

Este mundo em que o espetáculo informa o real, ou em que a realidade é encenada como espetáculo, está em sintonia com uma sociabilidade mediada por imagens, fenômeno potencializado pelas redes sociais e que atingiu o seu ápice durante a pandemia de covid-19. Essa dimensão imagética da sociabilidade, que pervade a política, corresponde a uma dinâmica na qual a própria reprodução econômica está assentada em uma lógica fictícia, que mal disfarça a falta de substância desse ordenamento social, em todos os sentidos.

Podemos dizer que essa política está em sintonia com o que se tornou o capitalismo em nosso tempo: um sistema que sobrevive a partir de injeções crescentes de capital fictício, necessárias para manter em movimento uma engrenagem de reprodução social truncada e que, por isso mesmo, se realiza de maneiras cada vez mais violentas, elevando a patamares inéditos o fetichismo que permeia a vida social. Em suma: são as formas da política em um mundo onde se explicita o caráter do capital enquanto "ilusão real".

Não seria o desvelamento de todas essas ilusões o marco zero para recuperar um pensamento e uma prática transformadores?

Populismo dos Últimos e o antídoto contrarrevolucionário a Bolsonaro, à imagem e semelhança de Getúlio, Lula deveria retornar 'não como líder de partidos, e sim como líder de massas'". Ver LAGO, Miguel. "'Batalhadores do Brasil'... Só a reencarnação de Getúlio Vargas pode derrotar Bolsonaro", *Piauí*, n. 176, maio 2021.

Em busca de um futuro

A política progressista de contenção da crise estrutural que atravessa a reprodução da vida nas sociedades latino-americanas no século XXI se revelou impotente para reverter uma dinâmica de dessocialização autofágica, que a antecede e a envolve. Ao contrário, vimos que, a despeito das intenções dos governantes, as formas dessa contenção a aceleram. Nesse quadro, o futuro da contenção progressista demandará frentes cada vez mais amplas para defender cada vez menos conquistas, ao mesmo tempo que as condições materiais e institucionais dessa política tendem a se deteriorar, tornando-a cada vez menos viável e eficaz.

As disputas eleitorais no Equador e no Peru em 2021 sugerem que o próprio tempo do progressismo pode estar passando, enquanto forma política da expectativa de mudança. No primeiro caso, a fissura no progressismo abriu espaço para uma candidatura em defesa da natureza, enquanto, no segundo, os sentires populares foram cativados por um outsider, deslocando o lugar da esquerda convencional. Esses sinais dos tempos não significam nenhum determinismo, pois há países onde a forma progressista ainda condensa esperanças — seja porque nunca chegou, como na Colômbia, seja porque nunca termina de partir, como no Brasil.

Em todo caso, o sentido do movimento da história aponta para um agravamento da crise, pondo em questão as formas convencionais da política, à esquerda e à direita. Na via inversa dessa espiral cumulativa em direção à barbárie, a tendência é que as rebeliões se multipliquem, expressando inconformidade e revolta com uma dinâmica social que o progressismo apenas repõe.

Entretanto, ao contrário do que se poderia intuir, os fluxos da rebeldia durante a pandemia evidenciam uma relação antitética entre progressismo e rebelião: onde o progressismo está mais vivo como forma política, mais velas ainda são acesas no altar eleitoral, e menos chances há de as ruas destamparem. Mais do que uma esperança política, o progressismo se converteu em uma *política da espera*. Ou, para dizer a mesma coisa de outro modo: em sua relação antitética com a desordem, confirma-se a identificação do progressismo com a ordem. No negativo da rebeldia, essa política se revela como uma forma da ordem: a seus olhos, ordem é progresso, e vice-versa.

Daí a tendência de as rebeliões englobarem o progressismo como alvo, em vez de identificá-lo com a salvação: embora junho de 2013 não tenha sido uma revolta contra o PT, também o incluiu, enquanto os rebeldes chilenos elegeram muitos constituintes frenteamplistas, mas em menor número do que elegeram independentes. As indignações que tomam as ruas não têm partido nem ideologia, pois encarnam contradições que atravessam as vidas que se rebelam. Portanto, não se pode esperar uma correlação mecânica entre rebelião e votos para a esquerda, já que o mal-estar contra a ordem pode se expressar em outras linguagens — seja no cavalo de Pedro Castillo, seja no gesto de "arminha com a mão" de Bolsonaro. Parte do drama do nosso tempo é que, em um mundo de expectativas decrescentes, aprendemos que também é possível odiar o existente em nome de algo pior.[99]

99 JAPPE, Anselm. "La Violence, mais pour quoi faire?", *Palim Psao*, 2009.

O grande desafio de uma rebelião como a chilena, e de outras do nosso tempo, é como transformar essa "grande recusa" em um devir alternativo. Auguste Comte já dizia que não se destrói efetivamente aquilo que se substitui. Canalizar a mudança rebelde pela forma de uma nova Constituição ou de uma nova candidatura atesta a falta de imaginação coletiva do nosso tempo. Uma nova Constituição ou um novo presidente apenas repõem a dominação com outras cores. Uma vez que dissocia economia e política, o sistema do capital pode se dar ao luxo de endossar a disputa política, desde que não se questione o princípio societário que organiza o sistema: ou seja, o próprio capital. Daí que, sem atacar o sistema do capital como uma totalidade, quando as ruas são esvaziadas e as luzes da Constituinte se apagam, as rotinas são restabelecidas: todas e todos voltam a ser deglutidos por seu metabolismo social, que se tornou uma máquina de produzir medo, ódio e indiferença.

Rebeliões como a chilena, a colombiana ou a peruana não são solução, mas uma premissa necessária para sair do impasse — e, antes de mais nada, sinal de saúde, pois os corpos nas ruas carregam subjetividades que encontraram brechas para romper com o anestesiamento imperante e podem ser mobilizadas pela mudança. A forma rebelião contém uma potência emancipatória, porque deriva de um sentir insuportável, e o insuportável empurra na direção do impossível e do proibido: nossos sonhos não cabem em suas urnas, nem nossos pesadelos, nem nossos mortos, como dizem os zapatistas.

Ao mesmo tempo, constata-se que o ressentimento social pode ser politizado para intensificar a autofagia, como aconteceu no Brasil. O desafio de fazer da rebeldia emancipação pode ser sintetizado em uma linha: como dar um futuro à raiva que se origina de uma existência insuportável?

Não se trata de um problema teórico ou prático, mas de tudo junto e misturado. A rebelião desafia as formas do progressismo, pois não tem projeto nem programa. Também desafia o seu tempo, pois a rebelião é a política do agora.

Como fazer dessa potência destruidora, criação? Como dar formas diferentes das progressistas para uma rebeldia que as contradiz? Como libertar os fazeres e pensares das formas da ordem, que incluem o progressismo? Como restituir a unidade entre política e economia, desmanchando o valor como princípio totalizador da vida social? Quando, finalmente, *se vayan todos*, o que instituir no dia seguinte?

Em resumo, como pode a rebelião parir um futuro? Eis o desafio da política emancipatória que recusa o mal menor, na América Latina e no mundo.

Referências

AB'SÁBER, Tales. *Lulismo: carisma pop e cultura anticrítica*. São Paulo: Hedra, 2011.

ANDERS, Günther. *Le Temps de la fin*. Paris: L'Herne, 2007.

ANDERSON, Perry. *Brazil Apart (1964-2019)*. Nova York: Verso, 2019. [Ed. bras.: *Brasil à parte: 1964-2019*. Trad. Alexandre Barbosa de Souza, Bruno Costa, Fernando Pureza, Jayme da Costa Pinto e SatBhagat Rogério Bettoni. São Paulo: Boitempo, 2020.]

ARANTES, Paulo Eduardo. "A fratura brasileira do mundo". *In*: *Zero à esquerda*. São Paulo: Conrad, 2004.

ARANTES, Paulo Eduardo. *O novo tempo do mundo e outros estudos sobre a era da emergência*. São Paulo: Boitempo, 2014.

ARANTES, Paulo Eduardo. *Formação e desconstrução: uma visita ao Museu da Ideologia Francesa*. São Paulo: Editora 34, 2021.

BACEVICH, Andrew. *Washington Rules*. Nova York: Metropolitan Books, 2010.

BRAGA, Ruy & SANTOS, Fabio Luis Barbosa dos. "Elective Affinities in Bolsonaro's Brazil: Neoliberalism, Authoritarianism, Evangelism" (no prelo).

BRENNER, Robert. *O boom e a bolha: os Estados Unidos na economia mundial*. Trad. Zaida Maldonado. Rio de Janeiro: Record, 2003.

BROWN, Wendy. *Nas ruínas do neoliberalismo: a ascensão da política antidemocrática no Ocidente*. Trad. Mário Antunes Marino e Eduardo A. Camargo Santos. São Paulo: Politeia, 2019.

CANDIDO, Antonio. *Formação da literatura brasileira: momentos decisivos*. Belo Horizonte: Itatiaia, 1993.

CARNEIRO, Ricardo & DE CONTI, Bruno. "Privilégio exorbitante e fardo compulsório (a dupla face do SMI financeirizado)", Texto para Discussão, Campinas, IE-Unicamp, ago. 2020.

CLOVER, Joshua. *Riot, Strike, Riot: The New Era of Uprisings*. Londres: Verso, 2016.

DARDOT, Pierre & LAVAL, Christian. *La Nouvelle Raison du monde: essai sur la société néolibérale*. Paris: La Découverte, 2010. [Ed. bras.: *A nova razão do mundo: ensaio sobre a sociedade neoliberal*. Trad. Mariana Echalar. São Paulo: Boitempo, 2016.]

DARDOT, Pierre *et al*. *Le Choix de la guerre civil*. Montreal: Lux Éditeur, 2021. [Ed. bras.: *A escolha da guerra civil: uma outra história do neoliberalismo*. Trad. Márcia Cunha. São Paulo: Elefante, 2021.]

DESSOTTI, Fabiana Rita; SANTOS, Fabio Luis Barbosa dos & FRANZONI, Marcela (org.). *México e os desafios do progressismo tardio*. São Paulo: Elefante, 2019.

DOMINGOS NETO, Manuel. "Fileiras desconhecidas". *In*: MARTINS FILHO, João Roberto (org.). *Os militares e a crise brasileira*. São Paulo: Alameda, 2021.

ELLNER, Steve (org). *Latin America's Pink Tide*. Lanham: Rowman & Littlefield Publishers, 2019.

FELDMANN, Daniel. "A construção simulada: uma interpretação da ideologia do neodesenvolvimentismo no Brasil". *In*: SANTOS, Fabio Luis Barbosa dos; PERRUSO, Marco Antonio & OLIVEIRA, Marinalva Silva (org.). *O pânico como política: o Brasil no imaginário do lulismo em crise*. Rio de Janeiro: Mauad, 2020.

FELTRAN, Gabriel. *Irmãos: uma história do PCC*. São Paulo: Companhia das Letras, 2018.

FERNANDES, Florestan. *Revolução burguesa no Brasil*. Rio de Janeiro: Zahar, 1974.

FERNANDES, Florestan. *Poder e contrapoder na América Latina*. São Paulo: Expressão Popular, 2015 [1981].

FERNANDES, Sabrina. *Sintomas mórbidos: a encruzilhada da esquerda brasileira*. São Paulo: Autonomia Literária, 2019.

FURTADO, Celso. *O mito do desenvolvimento econômico*. Rio de Janeiro: Paz e Terra, 1974.

FURTADO, Celso. *Transformação e crise na economia mundial*. São Paulo: Paz e Terra, 1987.

FURTADO, Celso. *Brasil: a construção interrompida*. São Paulo: Paz e Terra, 1992.

FURTADO, Celso. *Subdesenvolvimento com abundância de divisas*. Rio de Janeiro: Contraponto, 2008.

GAUDICHAUD, Franck; MODONESI, Massimo & WEBBER, Jeffery. *Fin de partie? Amérique Latine: les experiénces progressistes dans l'impasse*. Paris: Syllepse, 2020.

GRAEBER, David. *Bullshit Jobs: A Theory*. Nova York: Simon & Schuster, 2018.

HARVEY, David. *O novo imperialismo*. Trad. Adail Sobral e Maria Stela Gonçalves. Loyola: São Paulo, 2010.

HORKHEIMER, Max. "Egoism and the Freedom Movement: on the Anthropology of the Bourgeois Era", *Telos Critical Theory of the Contemporary*, n. 54, 1982, p. 10-60.

JÁCOME, Francine. "Crisis, seguridad y fuerza armada en Venezuela: Retos en la relación colombo-venezolana", *Documentos de Política Venezolana*, Bogotá, Universidad del Rosario, n. 11, 13 nov. 2017.

JAPPE, Anselm. *La Société autophage: Capitalisme, démesure et autodestruction*. Paris: La Découverte, 2017. [Ed. bras.: *A sociedade autofágica: capitalismo, desmesura e autodestruição*. Trad. Júlio Henriques. São Paulo: Elefante, 2021.]

KEHL, Maria Rita. *Ressentimento*. São Paulo: Casa do Psicólogo, 2004.

KLEIN, Naomi. *The Shock Doctrine: the Rise of Disaster Capitalism*. Nova York: Metropolitan Books, 2007. [Ed. bras.: *A doutrina do choque: a ascensão do capitalismo de desastre*. Trad. Vânia Cury. Rio de Janeiro: Nova Fronteira, 2008.]

KORYBKO, Andrew. *Guerras híbridas: das revoluções coloridas aos golpes*. Trad. Thyago Antunes. São Paulo: Expressão Popular, 2018.

KURZ, Robert. *O colapso da modernização*. Trad. Karen Elsabe Barbosa. São Paulo: Paz e Terra, 1993.

KURZ, Robert. *Dinheiro sem valor: linhas gerais para a transformação da crítica da economia política*. Trad. Lumir Nahodil. Lisboa: Antígona, 2014.

LAVINAS, Lena; ARAÚJO, Eliane & GENTIL, Denise. "Revisiting Financialization Drives in Brazil: the Rise of Stock Markets", Texto para Discussão, Rio de Janeiro, Instituto de Economia-UFRJ, n. 29, 2020.

LOHOFF, Ernst & TRENKLE, Norbert. *La Grande Dévalorisation: pourquoi la spéculation et la dette de l'État ne sont pas les causes de la crise*. Fécamp: Post-Éditions, 2014.

MARX, Karl. *O capital: crítica da economia política*. Trad. Regis Barbosa e Flavio R. Kothe. São Paulo: Nova Cultural, 1985. 5 v. (Coleção Os Economistas).

MAYOL, Alberto. *El derrumbe del modelo: la crisis de la economía de mercado en el Chile contemporáneo*. Santiago: LOM Editorial, 2012.

MENEGAT, Marildo. *A crítica do capitalismo em tempos de catástrofe*. Rio de Janeiro: Consequência, 2019.

MERCADANTE, Aloísio. *Brasil: a construção retomada*. São Paulo: Terceiro Nome, 2010.

MÉSZÁROS, István. *Beyond Capital: toward a Theory of Transition*. Nova York: Monthly Review Press, 1999. [Ed. bras.: *Para além do capital: rumo a uma teoria da transição*. Trad. Paulo Cezar Castanheira e Sérgio Lessa. São Paulo: Boitempo, 2002.]

MÉSZÁROS, István. *Actualidad histórica de la ofensiva socialista. Alternativa al parlamentarismo*. Barcelona: El Viejo Topo, 2011.

NEUMANN, Franz. *Behemoth: the Structure and Practice of National Socialism, 1933-1944*. Chicago: Ivan R. Dee, 2009.

OLIVEIRA, Francisco de. "Hegemonia às avessas". *In*: BRAGA, Ruy; OLIVEIRA, Francisco de & RIZEK, Cibele Saliba (org.). *Hegemonia às avessas: economia, política e cultura na era da servidão financeira*. São Paulo: Boitempo, 2015a.

OLIVEIRA, Francisco de. *Crítica à razão dualista: o ornitorrinco*. São Paulo: Boitempo, 2015b.

PAULANI, Leda. *Brasil delivery: servidão financeira e estado de emergência econômico*. São Paulo: Boitempo, 2008.

POLANYI, Karl. "Nossa obsoleta mentalidade de mercado", *Plataforma Política e Social: Caminhos para o desenvolvimento*, trad. Thomas Conti, [s.d.] [1947]. Disponível em: https://plataformapoliticasocial.com.br/57/.

POLANYI, Karl. *A grande transformação: as origens de nossa época*. Trad. Fanny Wrabel. Rio de Janeiro: Campus, 2000.

POSTONE, Moshe. *Tempo, trabalho e dominação social*. Trad. Amilton Reis e Paulo Cezar Castanheira. São Paulo: Boitempo, 2014.

PRADO JR., Caio. *Formação do Brasil contemporâneo*. São Paulo: Publifolha, 2000 [1942].

RUIZ, Carlos & BOCCARDO, Giorgio. *Los chilenos bajo el neoliberalismo*. Santiago: Fundación Nodo XXI, 2015.

SADER, Emir. *A nova toupeira: os caminhos da esquerda latino-americana*. São Paulo: Boitempo, 2010.

SAMPAIO JR., Plínio. "Os impasses da formação nacional". *In*: FIORI, José Luís (org.). *Estados e moedas no desenvolvimento das nações*. Petrópolis: Vozes, 1999.

SANTOS, Fabio Luis Barbosa dos. *Uma história da onda progressista sul-americana (1998-2016)*. São Paulo: Elefante, 2018.

SANTOS, Fabio Luis Barbosa dos; PERRUSO, Marco Antonio & OLIVEIRA, Marinalva Silva (org.). *O pânico como política: o Brasil no imaginário do lulismo em crise*. Rio de Janeiro: Mauad, 2020.

SCHUMPETER, Joseph Alois. *Capitalismo, socialismo e democracia*. Trad. Luis Antonio Oliveira de Araújo. Rio de Janeiro: Zahar, 1979.

SCHWARZ, Roberto. "Fim de século". *In: Sequências brasileiras: ensaios*. São Paulo: Companhia das Letras, 1999.

SINGER, André. *Os sentidos do lulismo*. São Paulo: Companhia das Letras, 2012.

STEVENSON, Robert Louis. *O médico e o monstro: o estranho caso do dr. Jekyll e sr. Hyde*. Trad. Jorio Dauster. São Paulo: Companhia das Letras, 2015.

STREECK, Wolfgang. *Tempo comprado: a crise adiada do capitalismo democrático*. Coimbra: Actual, 2013. [Ed. bras.: *Tempo comprado: a crise adiada do capitalismo democrático*. Trad. Marian Toldy e Teresa Toldy. São Paulo: Boitempo, 2018.]

SUNDAR, Nandini. *India's Unnoficial Emergency* (no prelo).

VIANA, Sílvia. "Acabou!", *Argumentum Debate*, Vitória, Programa de Pós-Graduação em Política Social da Universidade Federal do Espírito Santo, v. 11, n. 2, maio-ago. 2019.

VIEIRA, Carlos Alberto Cordovano. *60 anos de formação econômica do Brasil: a construção interrompida na crise estrutural do capital* (no prelo).

Agradecimentos

Uma versão preliminar dos argumentos apresentados na primeira parte deste livro foi submetida à *Latin American Perspectives* com o título "O médico e o monstro: a onda progressista e o seu depois", para integrar o dossiê "Reassessing Development. Past and Present Marxist Theories of Dependency and Periphery Debates". Agradecemos aos pareceristas os comentários que enriqueceram aquele texto e seus desdobramentos posteriores.

Uma versão preliminar da segunda parte foi debatida no Grupo Crise e Alternativas, mas a nossa dívida e a nossa gratidão a esses colegas e amigos vão muito além dessa discussão pontual: numerosas ideias enunciadas no livro germinaram nesse espaço, que é uma dentre as muitas iniciativas necessárias para construir alternativas emancipatórias, alimentando aqueles que delas participam. Acácio Augusto, Alessandro Fernandes, Carlos Cordovano Vieira, Débora Goulart, Felipe Catalani, Fabio Agostinho, Fernando Cunha, Fred Lyra, Isabel Loureiro, Luana Pereira, Luciano Pereira, Maria Orlanda Pinassi, Patrícia Mecchi, Rebeca Borges, Wesley Moura, Fernanda Azevedo, Fernando Kinas, Guilherme Meyer, Pedro Arantes e Rerisson Máximo estão entre os nossos interlocutores privilegiados nesse espaço. Tamo junto!

Também agradecemos àqueles que tiveram a generosidade de ler criticamente trechos deste livro: Agustín Espinosa, Fernando Kinas, Flora Santos, Gabriel Feltran, Marcelo Santos, Patrícia Mecchi e Salvador Schavelzon.

Sobre os autores

Divulgação

FABIO LUIS BARBOSA DOS SANTOS é professor da Universidade Federal de São Paulo (Unifesp) e do Programa de Pós-Graduação em Integração da América Latina (Prolam) da Universidade de São Paulo (USP). É autor de *Origens do pensamento e da política radical na América Latina* (Editora Unicamp, 2016), *Além do PT: a crise da esquerda brasileira em perspectiva latino-americana* (Elefante, 2016) e *Uma história da onda progressista sul-americana* (Elefante, 2018), além de co-organizador dos livros *Cuba no século XXI: dilemas da revolução* (Elefante, 2017), *México e os desafios do progressismo tardio* (Elefante, 2019), *Fronteiras da dependência: Uruguai e Paraguai* (Elefante, 2021) e *O pânico como política: o Brasil no imaginário do lulismo* (Mauad, 2020). Apresentou a série Caminhos Latinos do podcast *Pulso Latino*. Mais informações em: https://fabioluiscom.wordpress.com/

DANIEL FELDMANN é economista pela Universidade de São Paulo (USP) e doutor em desenvolvimento econômico pela Universidade Estadual de Campinas (Unicamp), com pós-doutorado no Laboratório de Sociologia, Filosofia e Antropologia Políticas (Sophiapol) da Universidade Paris Nanterre. É professor do Departamento de Economia da Universidade Federal de São Paulo (Unifesp), onde tem lecionado e pesquisado nas áreas de economia brasileira e economia política.

[cc] Editora Elefante, 2021
[cc] Fabio Luis Barbosa dos Santos & Daniel Feldmann, 2021

Você tem a liberdade de compartilhar, copiar, distribuir e transmitir esta obra, desde que cite a autoria e não faça uso comercial.

Primeira edição, novembro de 2021
São Paulo, Brasil

Dados Internacionais de Catalogação na Publicação (CIP)
Angélica Ilacqua CRB-8/7057

Santos, Fabio Luis Barbosa dos
O médico e o monstro: uma leitura do progressismo latino-americano e seus opostos / Fabio Luis Barbosa dos Santos, Daniel Feldmann. São Paulo: Elefante, 2021.
200 p.

Bibliografia
ISBN 978-65-87235-67-7

1. América Latina — Ciência política 2. Progressismo
I. Título II. Feldmann, Daniel

21-4589 CDD 320.980

Índices para catálogo sistemático:
1. América Latina — Ciência política

EDITORA ELEFANTE
www.editoraelefante.com.br
editoraelefante@gmail.com
fb.com/editoraelefante
instagram.com/editoraelefante

Sol Elster [comercial]
Samanta Marinho [financeiro]
Isadora Attab [redes]
Camila Yoshida [mídia]

TIPOGRAFIA More Pro & Regular
PAPÉIS Ivory slim 65 g/m² e Cartão 250 g/m²
IMPRESSÃO BMF Gráfica